U0570703

中华复兴之光
深厚文化底蕴

棋牌共娱共欢

杨宏伟 主编

汕头大学出版社

图书在版编目（CIP）数据

棋牌共娱共欢 / 杨宏伟主编. -- 汕头 ： 汕头大学
出版社，2016.1（2023.8重印）
　　（深厚文化底蕴）
　　ISBN 978-7-5658-2394-7

　　Ⅰ. ①棋… Ⅱ. ①杨… Ⅲ. ①棋类运动－介绍－中国
－古代②扑克－介绍－中国－古代③麻将－介绍－中国－
古代 Ⅳ. ①G89

中国版本图书馆CIP数据核字(2016)第015365号

棋牌共娱共欢　　　　　　　　QIPAI GONGYU GONGHUAN

主　　编：杨宏伟
责任编辑：任　维
责任技编：黄东生
封面设计：大华文苑
出版发行：汕头大学出版社
　　　　　广东省汕头市大学路243号汕头大学校园内　邮政编码：515063
电　　话：0754-82904613
印　　刷：三河市嵩川印刷有限公司
开　　本：690mm×960mm　1/16
印　　张：8
字　　数：98千字
版　　次：2016年1月第1版
印　　次：2023年8月第4次印刷
定　　价：39.80元
ISBN 978-7-5658-2394-7

前 言

党的十八大报告指出："把生态文明建设放在突出地位，融入经济建设、政治建设、文化建设、社会建设各方面和全过程，努力建设美丽中国，实现中华民族永续发展。"

可见，美丽中国，是环境之美、时代之美、生活之美、社会之美、百姓之美的总和。生态文明与美丽中国紧密相连，建设美丽中国，其核心就是要按照生态文明要求，通过生态、经济、政治、文化以及社会建设，实现生态良好、经济繁荣、政治和谐以及人民幸福。

悠久的中华文明历史，从来就蕴含着深刻的发展智慧，其中一个重要特征就是强调人与自然的和谐统一，就是把我们人类看作自然世界的和谐组成部分。在新的时期，我们提出尊重自然、顺应自然、保护自然，这是对中华文明的大力弘扬，我们要用勤劳智慧的双手建设美丽中国，实现我们民族永续发展的中国梦想。

因此，美丽中国不仅表现在江山如此多娇方面，更表现在丰富的大美文化内涵方面。中华大地孕育了中华文化，中华文化是中华大地之魂，二者完美地结合，铸就了真正的美丽中国。中华文化源远流长，滚滚黄河、滔滔长江，是最直接的源头。这两大文化浪涛经过千百年冲刷洗礼和不断交流、融合以及沉淀，最终形成了求同存异、兼收并蓄的最辉煌最灿烂的中华文明。

五千年来，薪火相传，一脉相承，伟大的中华文化是世界上唯一绵延不绝而从没中断的古老文化，并始终充满了生机与活力，其根本的原因在于具有强大的包容性和广博性，并充分展现了顽强的生命力和神奇的文化奇观。中华文化的力量，已经深深熔铸到我们的生命力、创造力和凝聚力中，是我们民族的基因。中华民族的精神，也已深深植根于绵延数千年的优秀文化传统之中，是我们的根和魂。

　　中国文化博大精深，是中华各族人民五千年来创造、传承下来的物质文明和精神文明的总和，其内容包罗万象，浩若星汉，具有很强文化纵深，蕴含丰富宝藏。传承和弘扬优秀民族文化传统，保护民族文化遗产，建设更加优秀的新的中华文化，这是建设美丽中国的根本。

　　总之，要建设美丽的中国，实现中华文化伟大复兴，首先要站在传统文化前沿，薪火相传，一脉相承，宏扬和发展五千年来优秀的、光明的、先进的、科学的、文明的和自豪的文化，融合古今中外一切文化精华，构建具有中国特色的现代民族文化，向世界和未来展示中华民族的文化力量、文化价值与文化风采，让美丽中国更加辉煌出彩。

　　为此，在有关部门和专家指导下，我们收集整理了大量古今资料和最新研究成果，特别编撰了本套大型丛书。主要包括万里锦绣河山、悠久文明历史、独特地域风采、深厚建筑古蕴、名胜古迹奇观、珍贵物宝天华、博大精深汉语、千秋辉煌美术、绝美歌舞戏剧、淳朴民风习俗等，充分显示了美丽中国的中华民族厚重文化底蕴和强大民族凝聚力，具有极强系统性、广博性和规模性。

　　本套丛书唯美展现，美不胜收，语言通俗，图文并茂，形象直观，古风古雅，具有很强可读性、欣赏性和知识性，能够让广大读者全面感受到美丽中国丰富内涵的方方面面，能够增强民族自尊心和文化自豪感，并能很好继承和弘扬中华文化，创造未来中国特色的先进民族文化，引领中华民族走向伟大复兴，实现建设美丽中国的伟大梦想。

目　录

中国麻将

小型棋牌

中国象棋

　　中国象棋在我国有着悠久的历史，古称象戏，相传战国时期就已存在。象棋属于二人对抗性游戏，极具趣味性。

　　在我国古代，象棋被列为士大夫们的修身之艺。在棋战中，人们从攻与防、虚与实、整体与局部等复杂关系变化中悟出某种哲理。因此，很多历史名人通过象棋流传下不少逸闻趣事。

　　象棋是中华民族的传统文化，不仅在国内深受广大群众喜爱，而且在世界各国也广泛流传，影响十分巨大。

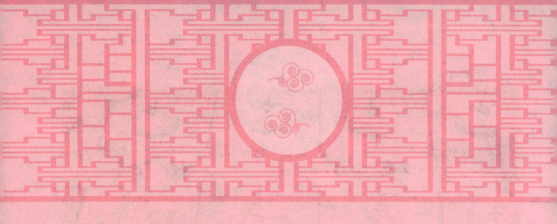

姜子牙推演创造象棋

传说商朝末年，有位姓姜，名尚，叫姜子牙的人。据说他的祖先是舜帝时的大臣，因曾经帮助过部落首领大禹，在上古治理洪水时有过功劳，被封在吕地，姜是他族人的姓氏。

姜子牙出生时，他的家境已然败落，所以他年轻的时候便去昆仑山求仙，拜元始天尊为师，后修仙不成，被天尊派下山，在社会上以算卦为生。

姜子牙虽然资质不好，但他志气不小，无论修仙不成也好，还是以算卦为生也好，他始终勤奋刻苦地学习天文地理、军事谋略，研究治国安邦之道，期望能有一天为国家施展才华。

姜子牙虽然满腹经纶、才华出众，但他却怀才不遇。姜子牙年过60岁，满头白发，阅历丰富，智慧过人，他一直

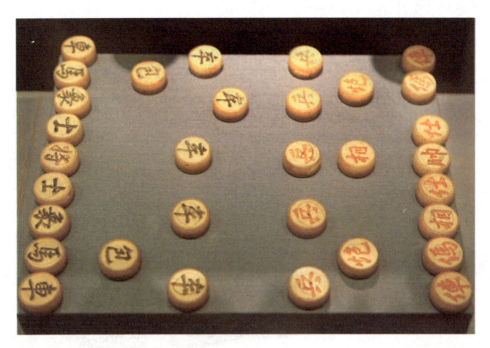

在寻找施展才能与抱负的机会。

于是，姜子牙在商纣王朝谋了个下大夫之职。但是，他见纣王荒淫无道，便隐居渭水北岸钓鱼。

钓鱼的时候闲来无事，为了消遣，也为了追求梦想，他便按照兵书里所讲的知识，开始在地上"排兵布阵"。

他用一根小棍在地上画成道道，分成敌我双方，将石子放在上面，研习打仗，把大帅置在后边，并有卫士守护，不离左右，元帅指挥着兵车横冲直撞，长驱直入，所向披靡。

姜子牙让战马也不懈怠，一蹦一跳地冲到敌方阵地上，元帅命令兵卒只许前进，不许后退。在演习中，遇到障碍物没法办了，他想要是再发明一件能飞越障碍物的武器就好了。他踱来踱去，苦思冥想。

有一天，姜子牙正在演习打仗，就在这时，一个农夫看到姜子牙不是在钓鱼，而是在闲玩，他想和姜子牙开一个玩笑，就趁姜子牙不

注意，拾起一块鹅卵石，隐在一个小土堆的后面，向姜子牙投去，正好击中姜子牙的后背。

姜子牙扭头没有看见人，正要发火，发现地上有一块石子。忽然，他醒悟过来，这石子隔着土堆就飞过来了，于是，他就在他的"阵"上加了一个能隔子打的石子，这就是后来所谓的"炮"。

从此以后，姜子牙经常在地上进行排兵布阵的演习，并不断改进演习的方法，他在地上画成粗道道，按一定的方法摆上写有"将""帅""士""卒""马""炮"和"兵"的石块。两军对垒，像真的在打仗一样。

后来，当地人就把姜子牙排兵布阵的这个地方叫"棋路地"。多少年后，姜子牙故里的人们还这样称呼，以此纪念姜子牙。

不久，姜子牙到了西岐，把他演习排兵布阵的方法告诉了周武王。周武王根据姜子牙的"排兵布阵"操练兵马，打造战车和大炮等，积极做反抗对商王朝的准备。

姜子牙"排兵布阵"的打仗方法，在牧野大战中派上了用场，并取得了巨大的胜利。在这之后，周武王把姜子牙这种两军对阵的演习活动，称作象棋。

后来，姜子牙又继续演习棋艺，不断进行改革完善。

最初的雏形是六博戏，后来东汉著名文学家王逸注释的《楚辞》云：

博，着也，行六棋，故曰六博。

西汉著名史学家司马迁在《史记》中也提到了六博。据《史记·苏秦列传》中记载，当时齐地居民安居乐业，人们"斗鸡走狗，六博塌鞠"。

那时的棋大概为6子，所以才叫六博。这与当时的军事具有一定的关系。春秋战国时的兵制，以5人为伍，设伍长一人，共6人，当时作为军事训练的球类游戏，也是每方6人。

这种状况，反映在当时的象棋上，也是以每方为6枚棋子，称"六博戏"。由此可见，早期的象棋，就是象征着当时的军事组织和战斗的一种游戏。

早期的象棋，棋制由棋、箸、局3种器具组成。两方行棋，每方6子，分别为：枭、卢、雉、犊、塞、二枚。

其中塞棋有两枚棋子，用象牙雕刻而成。箸相当于骰子，在棋之前先要投箸。局是一种方形的棋盘。比赛时，"投六箸，行六棋"，斗巧斗智，相互进攻逼迫，而制对方于死地。

在这种棋制的基础上，后来又出现了一种叫塞的棋戏，只行棋不投箸，从而摆脱了早期象棋中侥幸取胜的成分，使象棋得到进一步的发展。

知识点滴

关于象棋的起源的另一个传说是：象棋是公元前2000年舜帝创造的。舜的父亲瞽叟是个瞎子，舜的生母死后，瞽叟又续娶了一个妻子生下了象，但象桀骜不驯。瞽叟喜欢后妻的儿子，常常想害舜，舜都躲过了。赶上有点小错，舜就会遭到重罚。

瞽叟与象合谋多次想加害舜，但舜都成功逃脱了。后来舜做了帝，他的弟弟更是仗着为非作歹，舜就把他弟弟幽禁起来，但又怕象寂寞，就制作了象棋给弟弟做娱乐活动。象棋的"象"字，就代表舜的弟弟。

从楚河汉界得到的启示

在秦朝末年，楚汉争霸时期的公元前205年夏天，西楚霸王项羽在彭城大败汉军，沛公刘邦退到黄河南岸重镇荥阳，两军在荥阳一带互相攻伐长达两年之久。

公元前204年楚军包围了荥阳，刘邦感到形势危急，向项羽求和。项羽听从谋士范增的计策，拒绝汉军的讲和要求，并决定乘胜追击。

刘邦势单兵弱，但其善用计谋。他接受谋士陈平建议，对楚军实行反间计，设法离间项羽和范增的关系。项羽有勇无谋，把范增驱逐出军。

此后不久，形势大转，刘邦兵分两路，一路仍同项羽相持，另一路派大将韩信抄楚军后路，占领河北、山东一带。从此汉军有了更为巩固的后方。

而在此时，项羽的补给十分困难，危机四伏，楚军渐弱，汉军日盛。公元前202年秋，楚军粮尽，无奈之下与汉军讲和，双方约定以"鸿沟为界，中分天下"，以西为汉，以东为楚。历史上称为"楚河汉界"。

当初，项羽率领的楚军雄踞霸王城上，楚军的旄旌节旗和铠甲服饰都是黑色，整支军队犹如一条黑色的巨龙。刘邦带领的汉军列阵于汉王城上，整支军队都是赤帜红旌，就连全军将士的服饰都是红色的，形成一道红色的屏障，与楚军构成了森严对垒的阵容。

在楚汉两军对垒的过程中，两军将士闲来无事时，就玩象棋的游戏，大家逐渐发现，象棋的双方对垒跟楚汉两军的对垒简直差不多，于是大家就把象棋两方的分界线称为"楚河汉界"。

后来，红色的汉军先越鸿沟攻破楚军，最终歼灭黑色楚军于垓下，有了输赢的定论。于是，在棋局上，逐渐就形成了"红先黑后"的俗规。

人们模拟楚汉战争的场景，制定了象棋棋子的布列规则、棋子行进路径规则及职能作用等。在河界最前沿阵地之上，双方的兵、卒列队，出击的时候向前徒步迎敌，步步为营，又碍于"后退者斩"的军法，因此在规则中便只能每次向前行走一步，且不得后退。

布列在二道阵地上的"炮"，原型便是楚汉战争中的投石车，因为有车轮承载，若无阻碍物，便可长驱直入。如果有棋子为其充当炮架，便可越过炮架直线炮击最近的棋子。

在第三道阵地上，由"米"字构成的城垣外，车马相严阵以待。"车"是古代战车，不仅灵活，而且威力巨大，若冲进敌阵有如冲入无人之境。

"马"为挂鞍的铁骑大队，通过一次次的腾挪跳跃，歼灭敌军。"相"则以田为径，在将帅营盘的城外，通过管理农事，筹募粮草等，为军队提供后勤的保障。

在"米"字的城池里，由文武侍卫和出谋划策的幕僚组成的"士"或"仕"守卫保护着"将"或"帅"，并使之能往来城中，调度兵马迎敌。

一盘象棋中，上至将帅，下至兵卒的棋子设定规则，可以看到楚汉战争中的刘邦、项羽、张良、范增、韩信、项庄等人的影子。

在象棋文物遗存和文字图谱中，都能证明，两军立营，相持对垒，中隔"楚河汉界"，色分黑红，为"九五"而战。

战局中"斗智不斗力"，通力擒敌方之"将"或"帅"等，莫不是来自于楚汉之战，与奠基汉王朝在历史、地理、人文形态诸多方面处处吻合。显示了"楚河汉界"确是对象棋的发展产生过巨大的影响。

知识点滴

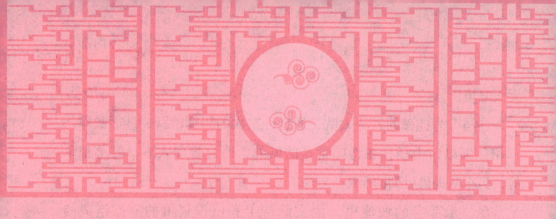

韩信在狱中完善规则

汉高祖刘邦统一大汉王朝后，有一天晚上，刘邦离开都城长安外出平叛，汉初三杰之一的淮阴侯韩信，被吕后冤害诱捕入狱。

冰冷的监狱暗无天日，韩信不禁想起昔日统帅百万大军南征北战的时光，他此刻自知寿命快要到头了，就打算在狱中写一本兵书传给后人。不料这事被吕后知道了，吕后下了一道懿旨，说韩信身为犯臣，不能擅写兵书。

在狱中的淮阴侯韩信得知后，悲愤难忍，他不禁仰天长叹道："唉！这个女人太狠毒了！不但要我的命，连我死后

的名声也要除掉啊！"

有个狱卒听到韩信这句话后，便跪在韩信面前说："小人久慕将军的大名，还请您把用兵之法传给小人吧！"

韩信摇摇头说："我若不知道用兵之道，也不会落到今天这个下场。如今悔之晚矣，怎么能再连累你遭受这种杀身之祸呢?"

狱卒再三恳求，韩信仍是不允。韩信在狱中感到十分孤独，他就想起曾经与楚军对垒时玩的象棋游戏，他就一个人在狱中的地上画了"楚河汉界"，自己跟自己玩起了象棋游戏，一是回味自己曾经辉煌的征战，二是打发消磨时间。

韩信自己跟自己玩象棋游戏时，发现游戏规则有很多漏洞，他结合打仗时真正的运筹帷幄与排兵布阵，便不断完善游戏规则。

有一天，那个狱卒又给韩信送饭时，眼里噙满了泪水，好像有什么要事对韩信说，但又勉强摇头忍住了。

　　韩信一看狱卒的神色，便感到不妙，就问狱卒道："吕后那个女人是不是马上要对我下毒手了？"

　　狱卒一听，顿时抑制不住哭出声来。韩信大笑道："猎人打完兔子便烹杀猎犬，射尽飞鸟就折断良弓！从古至今都是这样，倒也没啥可怕的。"

　　说罢，韩信叫狱卒坐下，从一旁取来一根小木棍，在地上画了个四四方方的框框，又在框框中央处画了一条"界河"，"界河"中写了"楚河汉界"4个大字。

　　接着，韩信又在河界两边各画了36个小格，并说："我今年刚好已经36岁，我这一生都在助汉灭楚，屡立大功，到头来还是因为功高盖主，却要死在一个女人手里。念在你平时对我百般照料，想来今生今世我也没机会报答你了，今天我就把生平所学的兵法奇术传给你吧！"

　　韩信就叫那个狱卒取来布帛和毛笔，并将布帛裁剪成36个小方块，布置在方框内界河的两边。"界河"一面的16个小方块分别写着

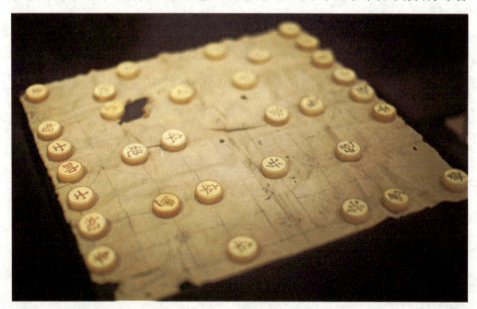

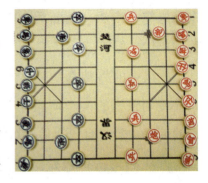

"帅""仕""相""车""马""炮""兵"等字，另一面的16个小方块上则写着"将""士""象""车""马""炮""卒"等字。

韩信摆好方框后，一边移动小方块，一边告诉狱卒："这个方框就好比千军万马相互厮杀的大战场，两面各代表一方的兵力。我的兵法之道，贵在主帅要多谋善变，奇正配合，做到以不变应万变，还要通盘筹划……"

韩信又具体地教狱卒如何跳马、出兵等规则。狱卒一边点头，一边称赞道："真神奇！将军真是个奇人啊！"

这天，韩信守着方框，认真地教习狱卒地上的兵法。狱卒也学会了韩信的排兵布阵之术。没过多久，韩信就在未央宫前遇害了，那个狱卒便卸职逃走了，躲藏在一个深山里，搭了一间草棚，从此开荒种地，自耕自食。

狱卒一有空闲，就专心研究韩信授给他的独门奇术。因为布帛易烂，他就换成了扁圆形的小木头块儿。为了好区别，他又将木块染成红黑两色。他又根据"奇"的谐音，把"奇"改叫做"棋"，临终时还写了一本《棋谱》，将韩信的"奇术"传给了他的儿子。

后人认为，棋虽然可以布置阵法，但不是真的两军作战，只是一种象征，所以称"象棋"。当然，韩信造棋说法，只是象棋发展过程中的一种普遍认同的说法，之所以大众普遍认同，是有许多原因的。

象棋上有"楚河汉界"，这就很能说明象棋发明的年代与淮阴侯韩信的年代相吻合。象棋上有车有马，但车比马厉害得多，显然是战车尚未完全淘汰、而骑兵刚刚开始发展的时代，这也与淮阴侯韩信所处的年代也相符。

象棋中的将帅都是躲在九宫格中不出来的，这极像韩信的指挥风格。发明象棋的人必须拥有很高的智商，也一定很懂得行军布阵。这样的人，在楚汉时代，最有可能的就是淮阴侯韩信。

自从刘邦斩杀白蛇后，便自称是赤帝的儿子，也就特别喜欢红色，连军中的大旗都改为红色。而项羽则喜欢黑色，他穿的衣服，披挂皆为黑色，就连骑的乌骓战马也都是黑色的。

自韩信死后，象棋在秦汉时期又得到了长足的发展。那时候，象棋的前身叫塞戏，颇为盛行，当时又称塞戏为"格五"。

知识点滴

　　关于象棋的发明，还有一个神话传说：据说周穆王姬满曾到天界瑶池与西王母相会，西王母便请周穆王下棋。周穆王不会，西王母便教周穆王。

　　后来，周穆王学会了下棋，便与西王母一起在泰山下棋，却被人偷学了，于是象棋就传到了人间。

　　汉魏著名诗人曹植曾写过"仙人揽六箸，对博泰山隅"的句子。仙人下棋的传说在汉魏十分流行，后来在汉代画像砖中仍见到"仙人六博图"。

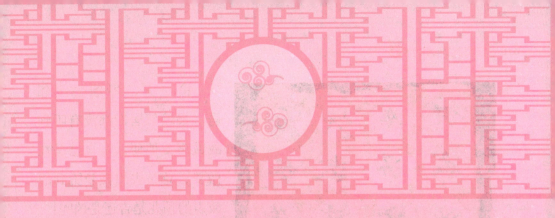

隋唐象棋的发展历程

在唐朝宝应年间，有一名叫岑顺的人，他在一天午夜猛然听到震天的战鼓声，不禁把他惊醒了，他心想如今是太平盛世，怎么会有战鼓声呢？莫非是梦里听到的？

第二天，岑顺去问邻居，果然邻居们都没有听到战鼓声，他便认为自己是在做梦，总是去想做梦听到战鼓声的预兆是吉还是凶呢！

过了几天，岑顺竟陷入了胡思乱想之中，其间他梦见了一黑一红两支军队，伴着战鼓声正在激烈地拼杀。

岑顺在一旁观战，听到双方军队一边战斗，一边高喊口号：

> 天马斜飞度三止，上将横行系四方，
>
> 辒车直入无回翔，六甲次第不乖行。

战斗非常激烈，在战鼓声中，双方将帅在城垣中调兵遣将，指挥兵卒激烈厮杀，威猛战车、骑兵大队、远程投石车屡屡发挥巨大威力。岑顺在一旁看得热血沸腾，兴致很高。这天梦里，红方军队取得了胜利。

在这之后，连续很多天，岑顺都梦见红黑两军交战的场面。由于每日沉湎于美梦难以自拔，使岑顺变得与世隔绝，身体越来越虚弱。

后来，岑顺在醉酒之时，他才被家人朋友淘出了实情。于是，大家挖开岑顺屋子的地面，结果发现下面是一个古墓，古墓中竟然有一张用金属制成的象棋盘，并且棋子已经摆好，等待人们过去下棋。

宝应是唐代宗李豫的年号，使用时间为762年至763年。这是一则由唐朝宰相牛僧儒所著《玄怪录》中有关记载象棋的故事。

唐太宗李世民十分倡导象棋，武则天更是进一步推广象棋。当时的社会风尚十分重视弈棋，文人学士会不会弈棋及其水平的高低，都与这个人在社会上的地位有一定关系。

唐朝名臣狄仁杰，曾以棋局解释政局，首开象棋为政治服务的先河。唐代著名诗人白居易棋艺很高，也颇为自负，他曾有"棋罢嫌无敌，诗成愧在前"的诗篇。同时，白居易也是一位象棋爱好者，其中"兵冲象戏车"是他吟咏象棋的名句。

白居易的妻子是牛僧孺党中重要人物杨颖士的妹妹，因为这层关系，白居易曾经为牛僧孺在《玄怪录》中写过一篇《巴邛人》，第一次以小说的形式写唐代象棋制度，与白居易的诗遥相辉映，为唐代的象棋史增添了光彩。

《巴邛人》的内容大意是说，有个巴邛人，家有橘园，他已经将所有橘子都采摘完毕了，只余下两个大橘子。巴邛人摘下剖开一看，每个橘子都有两个老人在下象棋。

橘中戏不但成为后人小说、戏曲的题材，也是许多诗人的题材，著名象棋谱《橘中秘》《橘中乐》等书名就来源于此。

白居易的《和春深二十首》诗云：

何处春深好，春深博弈家。

一先争破眼，六聚斗成花。

鼓应投壶马，兵冲象戏车。

弹棋局上事，最妙是长斜。

这首诗写于829年，是棋史界公认的反映唐代象棋风俗的重要资料。当时的大唐都城长安是世界闻名的繁华大都会，白居易的诗中提到的"博弈家"，其实就是一种贵族的私人俱乐部。

这些私人俱乐部中设置了当时流行的博弈娱乐项目，诗句中"兵冲象戏车"就是指象棋。唐代不仅仅出现了专门的象棋俱乐部，甚至连制作象棋的材料都相当奢华，这使象棋的玩家范围被限制在了唐代的达官贵人之间，也使象棋难以向民间传播。

大唐的宰相牛僧孺在他所著的《玄怪录》中，有这样描写棋具的文字记载：

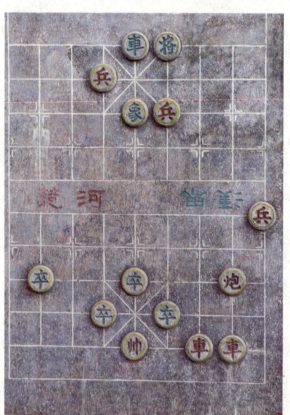

金床戏局，列马满枰，皆金铜成形。

从这段文献可以看出唐代文人侧重于华美的象棋用具，说明当时象棋之风是何等的奢华。

众所周知，象棋棋具指的是棋子和棋盘，两样缺一不可，乃下棋的必备用具。

根据牛僧孺所记载

的，唐代文人们使用的象棋棋盘的材质分别是金、象牙和檀木。而棋子材料分别是金、玉、犀角和象牙。

这些珍贵材料都是贵重难求的，人们将这些材料制作成纯属娱乐的棋具，毫无疑问，这些用具的使用者的身份地位便不言自明，那些人必定是非富即贵的达官贵人，绝不是一般老百姓能用得起的。

唐代的经济非常发达，那时的国力也非常强盛。其中歌舞声色、游宴博弈的奢华和享乐被视为时尚和地位的象征。这种博弈之风从宫廷开始，上

层士人都热衷参与，渐渐发展成为一种社会风尚。

不仅白居易喜欢象棋，唐代其他诗人也都痴迷于象棋。唐代大诗人刘禹锡在其所著的《论书》说：

是故敢以六艺斥人，不敢以六博斥人，众尚之移人也。

唐代人们以善弈为荣，以不善弈为耻。而人们会不会弈棋以及弈棋的水平高低，往往也和他在社会上的地位高低有着某种关系，这就

是唐代的弈棋时尚。

在这种社会风气的引导下，象棋压倒了更加文人化的围棋，并且从棋类游戏中脱颖而出成为最热门的博弈项目。

在唐代，下象棋是显示人们社会地位的重要标志。还以白居易为例，他在青年时代对博弈一窍不通。但随着官位的升迁，他在中晚年变成博弈爱好者，可见在唐代上流社会上崇尚象棋的风气。

在隋唐时期，象棋运动参与人数之多、流传地域之广、浸透社会层面之全，以及精神内涵之博大深厚，都让其他样式的文化活动难以望其项背。象棋运动深入隋唐社会生活，形成后来的规模、气势，自有雄浑深厚的历史文化根源。

放眼象棋的棋盘，最引人注目的地方有两处，一是从大面上看，以九纵五横的线条分为对等的双方，中间相隔"楚河汉界"互相对峙。另一处重点突出，两端底线的中心都有线段组成了一个"田"字形的图案。

这两处组合，都离不开九。前者，九纵五横明喻"九五"，后者，作为"九五"的呼应和补充，以9个交汇点暗含"九垓之田"，也就是俗称的"九宫"。"天子居九垓之田"，在象棋里，天子以将帅作代表。河界两边，就是九五之争的中心，所以就格外让人关注。

对于象棋体现的这种内涵，后来清代哲学家焦循曾经说过："象棋之戏，每半纵者九、横者五。"

这便指明河界这边的线条是竖九横五，河界那边也是竖九横五。为什么不是竖八、竖七、竖十呢？偏偏却是竖九呢？这横竖多少的里面，到底有啥讲究呢？

依照古代朴素的传统文化意念，"竖"指的是高，"九"乃数之极，九竖表示最高，九天、九霄、重霄九等，都有高到极点的含意。横指的是宽、是方位，五横表示四方和中央，含有把所有的方位都包括进去的意思，宽至无边无际。

竖九横五组合成的九五，它至高至大至广，代表天下，也就是说它代表了皇位。古代小说和俗话里常说的"位登九五""九五之尊"，就是表示登上皇帝位，做了天子。可见这里面的学问不小呢！

唐文宗开成年间，也就是839年的《续藏经》中的《佛祖历代通戴》也提到了"象棋"，注曰："昔神农以日月星辰为象，唐相牛僧儒用车马将士卒加炮，代之为机矣。"

这段文献记载说明，加炮的象棋是由牛僧孺改制的。然而不知为什么，牛僧孺在上述一文中却对此只字未提。

唐朝的象棋棋盘虽未见实物出土，但是通过出土的北宋古锦"四大艺术图案"中的棋盘图形，其棋的制棋格局与国际象棋一样，由黑白相间的64个方格组成。这时的象棋也发生了一些变革，加入了"将、马、车、卒"等4个成员，丰富了象棋的种类，使之更加具有了搏斗厮杀的情形。

知识点滴

两宋时期的象棋大变革

据民间传说，宋代开国皇帝宋太祖赵匡胤非常爱好象棋，在他当大宋皇帝之前，他曾在全国各地游览。有一天，他走到华山地界，听说山上有一位名叫陈抟的象棋高手，自信自己的象棋技术不低于人，就上山和陈抟对弈。

陈抟看赵匡胤有九五之尊的面相，预知他将要做皇帝，就想和他开个玩笑。陈抟故意把自己的棋形成一个看似必败的局面。笑着对赵匡胤说："我可以反败为胜！不知阁下能否相信？"

赵匡胤看到自己这么好的棋

局，绝不相信自己会输，便笑道："这怎么可能？"

陈抟一心要和他打赌，并笑着说："如果这盘棋我取胜了，你将来得到天下后就要把华山输给我，怎么样？"

赵匡胤既不相信自己将来能当皇帝，更不相信自己这盘赢定的棋局会输掉，就一口答应下来了。没想到走了几步之后，尽管赵匡胤拥有众多棋子，竟然挡不住陈抟一只单马的猛烈进攻。

赵匡胤输得目瞪口呆，对陈抟高超的棋艺佩服得五体投地。赵匡胤只得无奈认罚，当场写了输掉华山的文契。

后来，赵匡胤当上了大宋开国皇帝，陈抟就带着文契去见他。赵匡胤以礼相待，不负前约，并按照陈抟的意愿，传旨对华山道士和庶民一律免征赋税。

这个故事在我国民间流传很广，以至于华山落雁峰下，还留有人们建造的"下棋亭"遗迹，这种以下象棋来赢取一座名山的故事，不禁令人啧啧称奇！

宋朝的开国皇帝赵匡胤喜欢象棋，龙子龙孙们自然也受其影响，所以两宋皇帝大都喜欢象棋。

宋徽宗就曾用其擅长的瘦金体御书棋子下棋，并有御制的《宣和宫词》云：

　　白檀象戏小盘平，　牙子金书字更明。

　　夜静绮窗辉绛霭，　玉容相对暖移声。

另据宋代文人曹勋所著的《北狩闻见录》中记载，宋徽宗其至在其被金兵掳北去时，也未忘记带上象棋。

南宋时宋高宗赵构等帝王更是大力推广象棋，从而使得象棋在当时得到迅速地普及。

象棋在宋代广泛流行。北宋象棋大革新运动，整整持续了160多年，最后才定型为后来的象棋。

由于火炮的发明，在军事战略战术上也起到了新的变化，它反映到象棋中来，便促使了象棋的变革。

后来见到的北宋初期饰有"琴棋书画"四样图案，而以八格乘八格的明暗相间棋盘来表示的苏州织锦，和河南开封出土的背面绘有图形的铜质棋子，可以看出：宋代的象棋形制，和早期的国际象棋有颇多相似之处。

宋代象棋的流行情况，从宋代诗文传奇等诸多记载中，就可见一斑。当时在宫廷设的棋待诏中，象棋手占一半以上。民间有称为棋师的专业棋手，还有专制象棋子和象棋盘的手工业者。

北宋时期，先后有著名政治家、文学家、史学家司马光所著的《七国象戏》，宋代散文家尹洙所著的《象戏格》《棋势》，还有北宋时期著名文学家晁补之著的《广象戏图》等著作问世。

在民间，宋代还流行"大象戏"，它实际上是北宋时期象棋形制的一个变种。大象戏的大与小象戏的小仅仅是相对而言的。

经过近百年的实践发展，象棋在北宋末期终于定型了，如32枚棋子，有河界的棋盘，将在九宫之中等规则。

从北宋末到南宋初，是我国90路象棋的定型时期。自此之后，我国象棋更向前发展了，象棋谱也应运而生，并且在数量上逐渐增多。

在整个宋代，象棋都被人看作高雅的爱好，有名士蔡仲的词《临江仙》为证：

> 帘幕深深清昼永，玉人不耐春寒。镂牙棋子缕金圆。象盘雅戏，相对小窗前。

南宋则是我国象棋定型后进入的一个新的发展时期。定型后的中国象棋，艺术性和娱乐性都大大地加强了，深受当时广大群众的欢迎和爱好。

象棋在南宋初期不仅遍及全国，而且已是家喻户晓。南宋的都城杭州出现了专制象棋子和象棋盘的手工业者。

在整个宋王朝，涌现出了一大批象棋爱好者，如王安石、秦少游、李清照、刘克庄、叶潜仲、洪遵、文天祥等著名人士。

文学家洪迈撰写的《棋经论》，使他成为了早期的象棋理论家。曾经编纂《资治通鉴》的著名史学家司马光对象棋进行了大胆革新，发明了广象棋，在我国象棋史上具有一定影响。

著名学者陈元靓撰写的《事林广记》，更是我国早期的象棋谱。著名诗人叶潜仲据说棋艺水平很高，南宋诗人、词人、诗论

家刘克庄称赞他"纵未及国手，其高也无对"。

更值得一提的是，南宋末大臣，文学家，抗元英雄文天祥，人们只知道他留下的《正气歌》，却很少知道他还是一位棋艺水平相当精湛的象棋专家。

文天祥曾写过"行弈决胜负，愈负愈乐，忘日早暮"这样的文章，足以窥见他对象棋的兴趣之浓。他在诗中多次流露出对象棋的深厚感情。

文天祥还曾经留下一句诗句，"客来不必笼中羽，我爱无如橘里枰"，可见他确实是个象棋爱好者。

相传文天祥还善弈盲棋，应该说，在我国象棋史上，盲棋第一人非他莫属。不仅如此，文天祥还是排局能手，即便崖山之败，他做了元军俘虏后，仍未忘记象棋，曾精心制作过40多个象棋排局，可惜仅有"单骑见虏"一局留传下来。从此局的招法中不难看出，构思之奇妙

不仅凝聚着文天祥的聪明才智，同时也闪烁着他勇敢顽强和不怕牺牲的大无畏精神。

在宋代，文人学士们还从象棋中体悟到特别的境界和思想，甚至还从象棋中领悟到了辩证法的存在。

比如宋代人认为，"车"是象棋中的大子，棋谚中说"一车十子寒"。也就是"车"挡在了要道的位置，它就具有"一夫当关，万夫莫开"的气势。

但是"车"如果只是偏处一隅，不仅难以发挥它的威力，反而使它容易成为对方攻击的目标。这也就说明，同样的一个棋子，只是因为所处的位置不同，它的作用可以差天共地，这便是位置的辩证法。

在一般情况下，宋代人认为，下棋大多数要选择"弃卒保车"，但有的时候一定要"弃车保卒"，因为人们最后可以用一只过河的小"卒"轻易取胜，小"卒"能生擒对方主帅。

象棋看似非常平淡无奇，可是这32个棋子却蕴含着无比深刻的哲理，它们将儒家思想和我国传统文化融入象棋之中，极大地丰富了象棋的文化内涵。

象棋可以将人生的哲理浓缩到了"尺许棋枰"之中，它将社会生活中五花八门的竞争形式抽象化，它以两军对垒的方式，把这种竞争形式在棋盘上凝练而生动地展现出来。

大自然的规律是阴阳交替，优胜劣汰，只有适者才能生存，而象棋的规则也是如此。

在象棋中，人们开始在同一起跑线上，他们通过慢慢累积优势，最后靠小优势积攒成的大优势彻底压垮对手，赢得最后的胜利，也体现了大自然竞争的法则，同时也是象棋的竞争法则。

人类社会不断进步的一个重要推动力也是竞争。竞争需要智慧、公平、规则，这些在象棋中都可以体现到。

象棋将这些哲理都凝固在象棋的32枚棋子之中。象棋是一门艺术，这体现于它把这些哲理通过下棋的方式表现出来，过程轻松自在，结论简洁明了。人们乐在棋中，也从象棋中挖掘更多的道理，让

自己慢慢感觉和体会。

当然提倡竞争并不是象棋的本意，宋代人认为祖先发明象棋的原意，是让人通过下棋提高自己的道德修养达到"和"的目的。

宋代人还认为，下象棋的双方如果都不出错的话，那么最后的结果必然是和棋。当人们下了和棋，他们只会相视一笑，握手言欢。

这看似残酷的象棋斗争，它的最终目的竟然是皆大欢喜的和棋。所以说，战争是为了不战，这是战争的规律，也是象棋的规律。因此，象棋中这个"和棋"两字，也可以包含了无穷无尽的深远含义。

宋代人也认为，人们崇尚的阴阳、动静和去留，这些是人世的一切，这些都是致力于到达"和"的境界。他们追求一种天人合一，体悟自然真谛的理趣。这也是宋代先贤所向往的生活态度。所以，从这点上来说，象棋的棋道其实就是人道。

知识点滴

关于宋代的象棋变革，在南宋文人陈元靓的《事林广记》中，记载了我国所能看到的最早象棋图谱。这时象棋中的"将、士、车、马、炮、卒"名称已经被正式确定下来，整个象棋的式样也基本定型了。

关于"炮"的应用，有关专家学者认为应该出现在北宋时期。因为北宋是我国历史上第一个使用火炮的时代，并在战争中显示过较大威力，也许是宋代亲身经历过战争的一位将军改进了这个项目，这才把"炮"添加进去。

元明清象棋的蓬勃发展

在元明清时期，象棋继续在民间流行，技术水平不断得到提高。尽管当时在士大夫阶层中有弈博象戏之称，但是，象棋在市民、手工业者以及农民中却有很大的发展。

传说在明朝洪武年间，明太祖朱元璋登基称帝的第二天，他便下令在京城设下一个巨大的汉白玉棋盘，以百十斤的青石作为棋子，然后下令让众多象棋高手们来到京城，在巨大棋盘中相互对弈，致使不少象棋高手累倒在场中。

朱元璋因为出身贫寒，他认为人们应该辛勤劳动，玩象棋是不务正业，但他又不好明令禁止玩象棋，就想出这样

一个办法制止大家下棋。

朱元璋这一举动，令全国的象棋爱好者都噤若寒蝉，大多高手都不敢公开下棋了。朱元璋见到青石棋子的做法收到了成效，便进一步下令天下人从此禁止再下象棋。

在当时，有一个名叫王思义的象棋大师，酷爱象棋，他每天钻研棋艺，还写了一部名为《象戏图》的象棋棋谱。王思义听说朱元璋的象棋禁令后，极是心痛，便把写好的《象戏图》棋谱嘱托家人细心收藏起来，自己则孤身一人前往京城觐见朱元璋。

待王思义到了南京，见到朱元璋便问道："万岁爷为什么要禁绝象棋呢？"

朱元璋回答："如今天下太平，老百姓应该勤于耕桑，休养生息，这才是富国强民之道。可那些下象棋的竟然乐此不疲，荒废农耕，更有人以此赌博、败坏民风，不去除这些恶俗，天下怎么会安宁呢？"

王思义摇摇头说："若是论起赌博，天下万物都可以是赌具，又怎么能怪象棋呢？象棋是我族祖宗心血凝结成的智慧之宝，我辈应将其发扬光大，怎么能戒掉呢？我没有什么才能，但是为了保住象棋这门技艺，明天我愿意在大棋盘上与万岁爷下一局棋。"

第二天，王思义在十丈见方的汉白玉棋盘边脱下鞋子，对坐在龙椅上的朱元璋说："我要先洗洗脚，我不想用我污秽的双足去践踏棋盘！"

等王思义洗完脚后，他回过头望了望朱元璋，毅然跳上棋盘，光着脚大踏步地走在汉白玉棋盘上，高吟道："风萧萧兮易水寒，壮士一去兮不复还！"

在场之人无不动容，连朱元璋也看得有些不忍了。

"兵七进一，炮二平三……"

在旁人有些悲壮的唱棋声中，王思义搬动起百十斤的巨大青石棋

子，一步一步往前挪着，也不知道他挪了多少步，最后王思义累倒了，他口中的鲜血溅在了洁白的汉白玉棋盘上，如同雪地上盛开的一朵朵梅花一般耀眼。

王思义以身殉棋后，朱元璋深受感动，便废除了禁棋的号令，而且还鼓励他的儿孙们下棋。朱元璋的一个儿子朱权还编了一本棋书。他的另一个儿子明成祖朱棣，在他主持编撰的《永乐大典》中，还下令编了《象棋卷》。他的孙子明仁宗朱高炽也是象棋高手，曾经留下与状元曾子弈后唱和的诗：

> 两军对敌立双营，　坐运神机决死生。
> 等闲寻得军情事，　一着功成见太平。

明朝学者杨慎在其著作《丹绍杂录》介绍象棋"芸夫牧坚，俄顷可解"，这足以说明象棋在人民群众中的普及性。

象棋在明清时期有着长足发展，特别表现在文化理论上。夸张点说，明清时期的社会名流大都与象棋有一定瓜葛。

一生富有传奇色彩的著名画家兼文学家唐伯虎，也是一位象棋迷，他曾留下不少弈棋诗。唐寅等文人学者都特别爱好下棋，大批著名棋手的涌现，彰显了象棋受到社会各阶层人们的喜爱。

著名小说家、文学家如冯梦龙、凌蒙初、吴承恩等，在他们的著作中，都可以找到不少弈棋诗作。

有嘉靖"八才子"之称的太常寺少卿李开先因为抨击朝政，被罢官为民，他从此开始诗文散曲等通俗文学创作，唯一调节他生活的娱乐活动便是下象棋。而且，他的象棋水平很高。在他给朋友的诗中就有这样的句子：

我爱敲棋君善饮，人称豪客与闲仙。

在清代康熙年间，曾经编写著名棋谱《梅花谱》的作者王再越，一生不求名利，为人刚直不阿，常常借棋喻世，总是有点睛之笔。他

在一首词中这样写道：

> 叹英雄，勤勋立业类枰场；
>
> 看世情，争先恐后似棋忙。

清代风流名士纪晓岚，曾为一幅《八仙对弈图》题诗，其中有这样两句："局中局外两沉吟，犹是人间胜负心。"意思是说，神仙都免不了好胜之心，况凡人乎！

从这些文字中不难看出，象棋的感染力的确极强。在当时，还出现了多部总结性的象棋理论专著，其中最为重要的有《梦入神机》《金鹏十八变》《橘中秘》《适情雅趣》《梅花谱》《竹香斋》《象棋谱》等。

后来遗存的明代象棋残局谱《梦入神机》，作者佚名。残本中共有144局棋谱。《梦入神机》在明代是一部相当流行的象棋谱，明代藏谱家几乎都曾收藏过此谱。

《梦入神机》残本仅有一、二、三卷和卷七一册共285局。从中删去与《道清雅趣》相同的局数后，尚存144局，这是非常难得的宝贵遗产。

随着历史的发展和时间的推移，我国象棋在原有的基础上变得更加变化莫测、趣味无穷。对弈者必

须把握好全局，运用严密的思维，处理好进攻与防守、舍弃与取得的关系，以高超的技艺去一步一步地夺取胜利。

象棋作为一门高雅的艺术，既要比试智慧，又要较量耐力，自始至终波澜起伏、险象环生，充满着复杂而微妙的矛盾斗争。

因此，象棋作为一项健康有益的娱乐活动，对提高智慧、磨炼意志、增强体质、陶冶情操具有重要的作用，素来就有"棋运兴，国运兴"的说法，象棋深受我国人民的广泛欢迎，所以在我国能够经久不衰。

清代文学家袁枚曾经这样称赞象棋这门艺术：在人们发明的各种游戏中，只有象棋这一种游戏，它的胜负不决定于任何刁钻的偶然性，它只会给真正的智者戴上桂冠！

这话说得一点也不为过。象棋确实是一门具有高度思维性、趣味性和战斗性的艺术，是供给智者的一种游戏。

象棋中的行兵布阵，难以预料，对弈时的角力对抗，也不可预测。所以，人们在执子下棋时，往往都会兴趣盎然。人们以棋会友，其乐无穷。因此，象棋充满了魅力，令人沉醉其间而爱不释手。

知识点滴

史传清代的康熙皇帝就十分迷恋象棋，有一次他狩猎时，抽空和侍卫那仁福下棋，因抵挡不住那仁福的"连环马"，他的一只车即将被吃掉了。而站在康熙身边观棋的一个老太监，因为怕康熙输棋丢面子，就在此时大叫山上有虎，从而巧妙地引开了康熙。

谁知道，康熙拿起弓箭去追老虎，就把与那仁福下棋的事给忘了。一晃几天过去了，康熙突然记起还有一盘未下完的象棋，就急忙赶回老地方去看。

哪里知道，这个忠厚尽职的那仁福侍卫，竟然单膝跪地，纹丝不动，一直坚持在那里等候康熙呢！

中国围棋

　　围棋起源于我国古代，时间为公元前6世纪左右，是一种策略性的两人棋类游戏，使用格状棋盘及黑白二色棋子进行对弈。

　　围棋是我国古代汉民族发明的一种智力游戏，古时有"弈""碁""手谈"等多种称谓，是我国古代知识阶层修身养性的一项必修课目，属于琴棋书画四艺之一。

　　围棋在很大程度上反映了我国传统思想文化的精髓，是我国的国粹，被认为是世界上最复杂的游戏之一。

尧帝为教子而发明围棋

传说我国上古时期，著名的仁君尧帝娶了妻子宜氏，生下一个儿子取名叫丹朱。丹朱仗着是帝尧之子，从小性情乖戾，长大后又嗜好游玩，不务正业。

尧帝为儿子丹朱担心不已，他就前往汾水询问仙人蒲伊，拜求蒲伊教授自己管教儿子的方法。

尧帝来到汾水河畔，他看见有个人坐在苍桧树下，正在用小木棍在沙地上画道，还用黑白小石子排列在沙地中，很像是在摆弄阵图。

尧帝见那个人身披蒲衣，坦腹露臂，他早已认出，这个披蒲衣的人一

定就是蒲伊。尧帝上前施礼，请求蒲伊传授管教丹朱的方法。

蒲伊笑着说："大王的儿子非常聪明，而且喜欢与人争斗。大王应当投其所好，挖掘他的智力，培养他的性情。"

尧帝说："还请先生教我具体的办法！"

蒲伊指了指沙地上的黑白小石子说："奥妙就在其中！"说完，蒲伊笑着离开了。

尧帝望着沙地上的黑白石子，刚开始不解其意。当他用心观察，不久他终于理解了其中的奥妙。回到家以后，他便开始运用蒲伊告诉他的教子之术来教育丹朱。

尧帝为了引起儿子丹朱的兴趣，他用文桑木来做棋盘，用犀角和象牙来做棋子。做成之后，棋盘棋子都光彩夺目，不同凡响。

尧帝往日里一向很俭朴，但为了教育好儿子丹朱，他竟然不惜奢侈一回，可见他的用心良苦。

丹朱果然被此名贵的棋具所吸引了。丹朱自从学了围棋之后，果

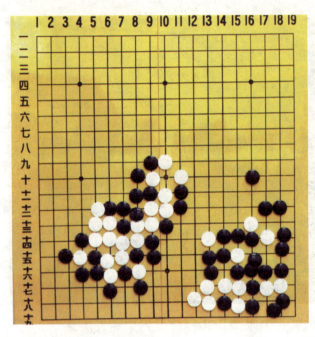

真有了长进，成为著名的围棋高手，并在围棋中悟出了许多治国之道，后来他成为了尧帝很好的助手。

这个故事说明了，围棋有开发智慧和纯洁性情的作用。围棋能够启迪智慧，这和围棋与我国文化和宇宙星辰都有密不可分的关系。

围棋蕴涵着古代哲学中一元生两仪、两仪生四象、四象生八卦、天圆地方、十九农节气、三百六十周天之数等内容，其变化丰富，意蕴深远，魅力无穷，有着极为丰富的文化内涵。

相传围棋是尧帝发明的，这传说很难辨清真伪。但可以肯定的是，尧帝这位心胸博大并充满智慧的先哲，一定是一位军事家和哲学家，同时又是一位天文学家和地理学家。

围棋棋盘是标准的正方形，由纵横各十九条线垂直、均匀相交而成，构成了一幅对称、简洁而又完美的几何图形。

围棋棋盘有种浑然一体和茫然无际的气势，看着棋盘，就如同仰视浩瀚苍天，就如同俯瞰寥廓大地，因此曾有人考证说：

围棋其实是古人一种观天工具。棋盘代表星空，棋子代表星星。

因为围棋盘上有了一个"星"，便把它们扯到了具有宇宙意义的立体空间，初看颇有些牵强附会，其实不然，只要翻开一本古代地方志，开卷的第一篇，便首先是一幅天空星相图。

古代地方志上标着某某星辰的位置和名称，下面，则详尽地注释着本地方所属的星位。例如星之"鹑头"所对应的是地之周国，星之"鹑尾"所对应的是地之楚国。

古人把我国分为九州，尽管在地面上的分界是某山某河，但其主要划分依据，却是星宿的分布。这种分法在天文叫作"分星"，在地理叫做"分野"，合在一起便成了包容宇宙的一个立体空间。

古人对于地域的占有，实际上又同时占有了那颗星宿。早在古籍《周礼》中便有记载说："封域皆有分星。"人有贵贱而星野也有等次。皇帝的宫殿成为紫禁城，其对应的星体便是天上的紫微星座。

围棋出现在我国的远古，它的竞争目的实际上反

映了人类最根本的竞争目的，即对生存空间的竞争。先哲们在一个想象的心理空间上打上横横竖竖的小方格子，把他们认为重要的位置用"星"这个形象来标志，创造出了最富哲理和最富竞争的竞斗游戏，虽然围棋规则看似简单，但其中的变化却是最为复杂的。

围棋运动，好似整个世界只留下两个敌手，在那广阔的宇宙之中，把各自的智慧、勇气和毅力尽情地释放了出来。

双方端坐两端，品着清茶，摇着鹅扇，不动一刀一枪，不流一滴血，连一句争吵都没有，却在进行着生与死的较量。围棋这样生死较量的方式，真是最为温情、最为阴柔、最为神奇的了。

按照我国传统文化，一副围棋就是一个浓缩了的宇宙。围棋作为我国文化的一种，它与太极阴阳，与《易经》都是相通的。围棋从黑白两种符号的排列组合，演绎出一系列变化莫测的方阵化境。

在小小棋盘之上，从开始的演幻一直到终局都是错落有致的黑白图案，就如同一幅太极阴阳图在流转，阴阳变幻，幻妙无穷。在这种变化之中，可以看出运动、和谐、对称和有序的艺术，可以感受到舒缓、抑扬、狂肆的节奏。

宋代的翰林学士张拟仿照著名兵书《孙子》13篇作了《棋经十三

篇》，其中的《棋局篇第一》曾写道：

> 夫万物之数，从一而起。局之路，三百六十有一，一者，生数之主，据其极而运四方也。三百六十，以像周天之数；分而为四隅，以像四时。隅各九十路，以像其日；外周七十二路，以像其候。枯棋三百六十，白黑相半，以法阴阳，局之线道谓之枰，线道之间谓之罫，局方而静，棋圆而动。

所以，有人分析说，围棋是太极原理最直接和最形象的一种现实模型，同时也是一个微型的宇宙模型，具有无限的内涵。

关于象棋起源的另一个传说是：伏羲根据天地万物变化，发明创造了八卦，八卦后来被星象学家用来占卜。

他还创造历法、教民渔猎、驯养家畜、婚嫁仪式、始造书契、发明陶埙、琴瑟乐器、任命官员等。

因此，伏羲非常聪明。相比之下，他的儿子就显得十分愚钝了。伏羲看着儿子不如自己，他非常着急，就冥思苦想，根据他发明创造八卦和历法等原理，他发明了围棋，用以开启儿子的智力，希望儿子能够像自己一样聪明。

知识点滴

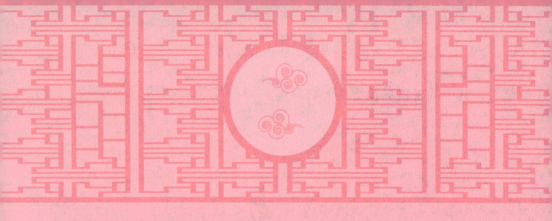

春秋战国时期对弈的发展

在春秋时期，有一个叫弈秋的围棋高手，他的棋术极其高明。当时就有很多年轻人想拜弈秋为师，跟他学习围棋。

后来，弈秋收下了两个学生。一个学生诚心学艺，他听弈秋先生

讲课时十分专心，从来不敢有一丝怠慢。

另一个学生却只贪图弈秋的名气，他虽然拜在弈秋的门下，但他并不下工夫。当弈秋讲棋时，他总是心不在焉，他经常探头探脑地朝窗外看，他心里想着鸿鹄什么时候才能飞来，若是鸿鹄飞来了，他便想要买张好弓，搭箭射两下试试。

两个学生一同都在学棋，也同时拜在一个师傅门下，但是他们的成就却相差甚远，那个专心致志的学生已经学有所成，而时常想着弯弓射鸟的学生却始终不能领悟到棋艺。

其实不止是弈秋的一个学生听讲走了神，甚至连老师弈秋也曾经走神过。

据说有一天，弈秋正在跟人下棋，旁边一位吹笙的人从身边路过。此时，悠悠的笙乐，飘飘忽忽，好像从云中飘下来一般。

弈秋一时不由得走了神，他侧着身子细心聆听。此时，正是弈秋下棋下到决定胜负的时候，可他却全神贯注去听笙了，他的心思完全不在棋上。

突然，笙声停止了，吹笙人探身向弈秋请教围棋之道。弈秋一愣，身为围棋顶级大师的他竟然不知道该如何去回答吹笙人。

其实并不是弈秋不知道围棋的奥秘，而是此刻他的注意力已经不在棋上。

这两则先秦的小故事都记载在史书上。人们把这两件事记下来，大概是想告诫后人，专心致志才是下好围棋的先决条件。

前面那则是出自春秋思想家文学家孟子所著的《孟子·告子》中的故事，文中的原文是：

> 弈秋诲二人弈，其一人专心致志，惟弈秋之为听；一人虽听之，一心以为有鸿鹄将至，思援弓缴而射之，虽与俱学，弗若之矣。为是其智弗若欤，曰非然也。

这则故事说明了学棋一定要专心致志。不仅仅学棋要专心，下棋也必须如此，所以即使是弈秋这样的围棋大师，偶然分心也是不行的。

春秋时期的弈秋是我国史籍中记载的第一位棋手，而且他还是春

秋时期最有名的高手。

因此，后来明代的文人冯元仲在《弈旦评》中极力推崇弈秋，称他是我国围棋的鼻祖，这也是非常有道理的。

关于弈秋的记载，最早见于《孟子》。由此可以推测出，弈秋很有可能

是与孟子同时代的人，也可能稍早一些，大约生活在春秋初期。

春秋时期出现弈秋这样的高手，说明了在当时围棋已经相当普及，甚至可以肯定，像弈秋这样的国手并不只他一个人。弈秋是非常幸运的，春秋战国延续了500多年，而他是在古籍中唯一留下名字的一位棋手，也是已知的历史上第一位棋手。

由于围棋在我国的发展源远流长，所以围棋对于我国文化的影响也是非常巨大的。

围棋见于我国史籍最早的记载，是春秋时期。春秋战国时期，不仅出现了许多围棋的高手，而且诸子百家们也都注意到了这种游戏。

就这样，围棋开始在先秦诸子百家的言论中出现，他们有的人赞扬围棋，有的人贬低围棋，还有的人拿围棋当例子，还有不少人直接论述围棋。

先秦诸子百家关于围棋的言论，其中有不少有价值的论点，这些论点推动了围棋的理论逐渐形成。可见春秋战国时期对于围棋的发展普及，起到了非常重要的作用。

　　士大夫阶层最初是瞧不起围棋的。春秋时期的大圣人孔子曾经说："下围棋的人都是些吃饱了饭，整日无所用心的人，他们是成不了贤人达士的。"

　　可见孔子把围棋看作无聊消遣的东西了。孔子的这一观点影响非常深远，甚至以后有人想攻击围棋时，他们也常说些类似孔子言论的话。

　　著名的亚圣孟子是继承孔子思想的，他在这方面也持有同样的见解。孟子曾经说："下围棋的人嗜好饮酒，他们甚至都不顾父母养育之恩，不尽孝敬之义。"

　　孟子把下围棋算作五种不孝顺的行为之一。不过孟子和孔子不同的是，孟子不认为下棋可以"无所用心"。因为孟子曾经这样说："学习围棋的人如果不专心于自己立足的一方并致力于攻克对方，那他就不能领会围棋的精髓。"

　　可见孟子不仅承认围棋是门深奥的艺术，学围棋和下围棋必须要专心致志才能学会，同时他又指出围棋的这种奥秘是可以通过学习掌

握的。孟子在当时能够提出这种观点很有意义。所以，在孟子之后，围棋的地位逐渐提高了。古代道学家尹喜所著的《关尹子》里指出：射箭、驾车、操琴、学棋，没有一件事是能够轻而易举学会的。

显然，围棋这时已经提高到与射箭、驾车、操琴同样的地位了。围棋地位提高，下棋的某些规律也慢慢被总结出来了。《关尹子》一书中还写道：像围棋这样以智力取胜的游戏，它的进与退、取与舍、攻与守、纵与收，所有的主动权都在自己手中。

在当时的历史条件下，尹喜能够提出主动权问题是很难得的。主动权在围棋实战中的作用非常重大，它是每一个围棋爱好者都必须永远牢记的法则。

下棋的人不仅坚信主动权在自己手里，还要有缜密的思考和果断的行动。"举棋不定"是个常用的成语，它形容一个人手中拿着棋子，犹豫不定和不能决断的状态。其实这个成语就是和围棋联系在一起的。

这句成语最早出现在春秋末年左丘明所著的《左传》中的一段话，文中说：下围棋的人如果举棋不定，那他就不能够战胜对方。

太叔文子总结出一条下棋的重要经验，那就是思考要缜密，落棋要果断，犹犹豫豫的人就一定会输。

"举棋不定"4字，简洁、生动、形象而且准确，它和围棋一起流传下来。这个成语甚至还超越了围棋本身的领域，它成为了人们在各个领域的常用成语。

太叔文子的观点影响深远。后来汉代文人马融的《围棋赋》，以及明代文人张拟的《棋经》，都论述和发挥了这一观点。

在春秋战国时期，出现了这么精粹的围棋理论，又出现如弈秋那样的"通国之善弈者"，这在围棋发展史上，有着极其重要的意义，它标志着围棋的发展在春秋战国时期到了一个崭新的阶段。

知识点滴

关于围棋起源，还有另外一种说法，古人皮日休在其所著的《原弈》一文中认为围棋是开始于战国的，它是纵横家们创造的游戏。他的根据是，围棋是"有害诈争伪之道"。如果按他的说法，围棋又成了寻欢作乐，耍弄权术的工具了。

其实，尧、舜之说只是古人编织的美妙传说，在有关围棋的古籍中却找不到更多有力的佐证。至于皮日休提出的围棋源于战国，那就更不能轻易相信了。毕竟早在春秋时期，孔子就已经提到围棋了。

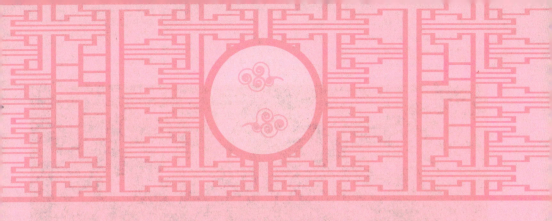

秦汉时期围棋的局道变化

传说在秦朝时，关中地区有个穷苦的樵夫，因为他穷得连个正经名字都没有，村里人只知道他姓王，他们便都喊这个樵夫叫作王樵。

有一天，王樵上山砍柴，他砍了满满两大捆木柴，便哼着小调挑着木柴下了山。当王樵走到半山腰时，忽然闻到一阵奇香。王樵不由得放下了柴担和斧子，迎着香味寻了过去。

王樵翻过一座山，突然看见一棵老大的桃树，桃树上开了满树粉红的桃花，那香气就是桃花散发出来的。

王樵走上前，这才看见桃花树下，有两个老人正在下棋。王樵仔细打量了这两位老人，他发现二人都是白发银须，红光满

面，二人正在棋盘上专心厮杀呢！

王樵看着时辰还早，他就蹲在一旁观看两人下棋。王樵看了一会儿，忽然桃树上的花瓣纷纷飘落了下来。他抬头一看，桃花在这段时间内竟然都凋谢了，树上已经结了很多青青的小桃子。

此时，两位老人的棋局正好下到难解难分的地步，王樵自然无心去管桃树，他很快低下头又继续看棋了。也不知道过了多久，王樵觉得肚子饿了，他便想回家了。王樵站起来，他抬头一看，啊！他不由得吓了一跳！满树的桃子已长得拳头大了。

王樵对着桃树啧啧称奇，他忍不住摘下一个大桃子吃了起来。呦！这桃子咬进嘴里又香又甜，咽进肚里浑身舒坦，一口下去王樵就不再饿了。

王樵吃着仙桃，他走回到放柴捆和斧子的地方，突然发现两大捆木柴竟然全部变成了枯灰，砍柴用的斧子也大变样了，斧柄已经朽烂，只剩下生满了锈的斧头。

王樵觉得很不可思议，他惦记起家人了。王樵赶忙撒开腿跑下山去，当他进了村里，他发现村里人尽是些陌生脸儿。

王樵慌慌张张跑回家，他推开自家大门，一个陌生壮汉迎面问他道："你是哪个？你找谁呀？"

王樵回答说："我？这是我的家呀！谁不知道这里是我王樵的家呀！"

那壮汉怒气冲冲地说："王樵是俺祖上的老人，几辈子前他上山打柴就没回来了。你怎么可以冒充我的祖先，你要再胡说八道，看俺不揍扁了你！"

王樵被壮汉强行推出门去，他在门口仔仔细细想了一通。王樵想起了两个下棋的老人，他又想起了桃树短时间内开花结果，他这才知道自己肯定是遇上神仙了。

王樵匆匆赶回桃树下，他看见之前的两位老人还在那里下棋，马上就"扑通"一声跪在地上，哀求说："二位仙人，请收留下我这个笨徒弟吧！"

其中一个老人哈哈笑着说："你看错了，我们不是仙人。"说完，两位老人站了起来，说笑着走进不远处的一个山洞。

王樵紧跟着老人走过去，他正要走进洞时，忽然看见洞内扑出一股烈焰，挡住了洞口。王樵吓得停了下来，他心想反正自己已经没有家了，哪里还管什么生死。王樵咬牙穿过烈火，冲进了洞中。

其实，那两位下棋的老人正是仙人，他们见王樵勤劳、勇敢，就决定超度他修炼成仙。刚才的火焰便是对王樵的考验。

王樵跟着仙人勤加修炼，后来真的做了神仙。人们便把王樵烂掉斧把的这座山唤作烂柯山，还把两个仙人下棋的山峦叫做棋盘山。

这个神话中，凡人观看仙人下棋，这充分表达了秦汉时期的人们对围棋的尊崇和对仙界的幻想。

其实自从秦国统一六国后，有关围棋的记载就已经很少了。西汉文人葛洪所著的《西京杂记》中，曾有西汉初年"杜陵杜夫子善弈棋，为天下第一人"的记述。不过这类记载并不多见，这表明，在秦汉时期围棋的发展仍然是比较缓慢的。

到东汉初年，社会上还是"博行于世而弈独绝"的状况。直至东汉中晚期，围棋活动才逐渐盛行。

汉魏时期，围棋也成了军事家培养军人才能的重要工具。

东汉文人马融在他所著的《围棋赋》中就将围棋视为小战场，他把下围棋当作排兵布阵，他这样写道：

三尺之局兮，为战斗场；陈聚士卒兮，两敌相当。

如果把下围棋和军事上的运筹帷幄对比来看，这两种方式的调兵遣将竟然有几分相似之处。由于秦汉时期战事的频繁，军事知识逐渐积累了起来，战争的需要加速了围棋的发展。两汉时期已经有人把围棋当作兵法了，甚至还有人将棋谱收入兵书中。

当时著名的军事家，像三国时的曹操、孙策、陆逊等，他们都是疆场和棋盘这两个战场上的佼佼者。

"建安七子"之一的王粲，他除了以诗赋闻名于世之外，同时他又是一个围棋专家。据说王粲有着惊人的记忆力，他对围棋的盘式、招法了然于胸。王粲能够记住看过的棋局，即便有人将围棋局势完全打乱，他依旧可以重新摆出而不错一子。

我国围棋的格局在历史上曾经发生过两次重要的变革，而在秦汉时期的这一次变革则主要体现在围棋局道的增多。

后来，在一座汉代古墓中发现了石质围棋盘，这个棋盘是正方形的，棋盘上面纵横各有17条道，这件古物为人们了解汉魏时期的围棋形制，提供了形象的实物证明。

在甘肃水昌县鸳鸯池里出土的陶罐上，有不少绘着黑色、红色甚至彩色的条纹图案，这些纵横交错的陶罐线条均匀有致，形状很像以后的围棋棋盘。但纵横线条却只有10至12道，而不像以后的19道。考古学家称这些图案为棋盘纹。

有了上面那些推断和考古学家的发现，围棋诞生于何处已经不言自明了。回顾历史发展，从《左传》《论语》《孟子》等书中，很容易了解到，围棋在我国春秋、战国时期，就已经广为流行了，甚至出现了诸侯列国都知道的围棋高手弈秋。

湖南湘阴挖掘出一座汉代古墓，古墓中的随葬品里有一件围棋盘，大小呈正方形，纵横各15道。

从出土棋盘的10、13、15……直至通用的19道线的发展过程看，围棋不可能是某一个人在某一天里突然创造出的奇迹，而是经过了由简单到复杂，棋子由少到多，招法由单一到多样的发展变化过程。

时间跨越数千年，围棋集聚了无数围棋爱好者的智慧和经验，它是逐渐被改进、被丰富，最后才形成后来这种规模的。从这个意义上来讲，围棋的创造者，应该是我国广大的劳动人民。

知识点滴

关于秦汉时期从"弈"到"围棋"的逐渐演变，有一个发展过程。最早的时候，"弈"是专指围棋的，在《论语》《左传》《孟子》中都提到"弈"这种游戏。

在以前，下围棋被人们称为"对弈"。棋子分黑白两色，其中的规则简单而富于变化，它体现出了我国文化的精髓。

西汉年间，"弈"已经成了围棋的别称。那时候南方已经称为"围棋"了，但仍然称"弈"的，只有北方的部分地区。东汉时，"围棋"已经在书面语中普遍使用了。

西汉初期，人们还没有普遍说"围棋"，可见"围棋"这个名字也是经过逐渐发展而形成的。

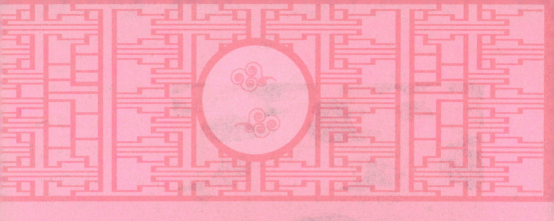

魏晋时期确立围棋定制

相传在魏晋时期，荆楚地区有一老一少两个樵夫，他们在一座大山的脚下住着，家境非常贫寒，终日打柴才能勉强糊口。

这一年，小樵夫长到18岁时，他突然不思饮食，逐渐变得面黄肌瘦。老樵夫忧心忡忡，但他又没有钱给儿子看病。老樵夫没有办法，他只好去求在山中隐居的一位老术士。

当天，父子俩担了两捆柴送到老术士家中，他们看到正在屋檐下喂鹦鹉的老术士。老术士听了老樵夫的央告，他又看了看小樵夫的手相，便悄声对老樵夫说："恕我直言，你的儿子没什么病，只是

有短命的面相。"

不想这话被鹦鹉听到，鹦鹉大声地学舌说："短命之相，短命之相！"

樵夫父子惊恐万状，急忙给老术士跪下，请求延寿。

老术士念在这父子经常为他砍柴，他便告诉他们说："凡人的命运由神仙决定。而南斗星君主宰生，北斗星君主宰死。你们要是想延长寿命，只有向他们去祈求。但是这两位老星君秉性固执，他们轻易不肯通融。只有当他俩沉醉于下棋的时，若是一时兴起，也许有可能帮你们延长寿命。"

老樵夫不由得问道："他们在哪里下棋呢？"

老术士说："他们有时在云端之上，有时在山洞之中，有时随着微风在半空荡漾，有时浮着轻浪在海面漂泊。"

樵夫父子回到家里，他们看着自家破旧的家具，黑黄的墙壁，拉着蛛网的顶棚，心情更加暗淡了。可是老樵夫爱子心切，并不肯认命。

当天晚上，天空中突然从东边飘来两朵白云，白云游荡了良久，逐渐合而为一，向着山脚下樵夫的小茅屋处飘落下来。祥云到了地面，云霭都慢慢散去了，只听得"丁——丁——"的棋子落盘声。

次日清晨，小樵夫从梦中醒来，他起身穿衣后，拿起斧头准备上山砍柴。可是就在他刚要出门的时候，却突然愣住了。

"丁——丁——"这不分明是下棋的声音么？小樵夫过去到镇里卖柴，他曾经见过有人下棋。那时候他年轻好奇，也还跟人学过几盘围棋，所以他对这声音分外熟悉。

小樵夫赶紧走到外面，他看见院子中有一张天然的石桌，南斗星君和北斗星君下棋下得正激烈，他们的神态如醉如痴。

小樵夫眼尖，他望着那二仙的酒杯中都已经空了。小樵夫快步上前，他拿起酒壶给二仙倒上了酒，然后静静地等待着。南北二斗全神贯注在棋局中，他们丝毫没留意到小樵夫，只是自顾自饮酒下棋。

此时正是两位仙人下棋下到的关键时刻，北斗星君的一手妙棋已经令南斗星君手足无措了。南斗星君执着棋子犹豫了很久，他始终不知道应该如何去下，眼看着他的局势非常危险，再想不出办法，他马上就要输棋了。

这时，小樵夫望见他们的酒杯又空了，他便上前要给二仙加酒，不料小樵夫的手碰到了南斗星君下棋的手。

南斗星君的棋子被打落，恰巧落在一个绝妙的位置，这一变化令南斗星君的局势发生了逆转，原本被包围的一大片棋子一下子找到了突破口，"死棋"竟然都"活"了。

南斗星君不由得哈哈大笑起来，二人这才发现小樵夫在一旁。北斗星君被小樵

夫搅了局，他颇为不悦地说："大胆凡人，竟然敢搅我棋局！"

小樵夫苦苦哀告说："二位神仙，我……"

南斗星君笑了笑说："你的事，我们全都知道。唉，只怪这围棋误事，让我们白喝了你倒的酒，你还帮我解了围，我该怎么感谢你呢？"

北斗星君皱眉说："可惜关于这小子寿命的文书已经被定下来了。"

南斗星君说："给我看看。"

北斗星君从衣袖中取出文书，递给南斗星君。南斗星君接过文书翻到其中一页，他见小樵夫名字下写着"寿止十九"。他便笑着说："十九是少了些！"

南斗星君从身边拔起一棵狗尾草，那狗尾草到了他的手里，立刻变成了一支蘸满墨的毛笔。

北斗星君急忙提醒说："不可增加过多的。"

南斗星君说："只改九十罢了。"

说着南斗星君就在"十"和"九"两个字之间划了一道拐勾。当南斗星君改完后，他和北斗星君就一起消失不见了，甚至院子中连石头的桌椅棋盘也没了踪影。

小樵夫看见南斗星君给自己的寿命改成了九十岁，他已经十分满足。小樵夫便千恩万谢地叩了一顿头，这之后，他的病很快就好了，从此小樵夫与父亲幸福快乐地生活。后来，小樵夫真的活到了九十岁才寿终正寝，安详地离开了世间。

这则魏晋时期的神话传说，体现了古人对仙人们的憧憬，也体现了人们对于长寿的渴望，最主要的是体现了围棋的巨大魅力和崇高地位。

魏晋南北朝时期是围棋形制第一次发生重大变化的时期。那时，围棋被人们形象地比喻为一个由黑白构成的世界，从此，围棋也成为人们喜爱的娱乐竞技活动。

我国古代有琴、棋、书、画四大艺术，这四种艺术可谓源远流长。其中所说的棋，指的就是围棋。

魏晋时期佚名所著的《梨轩曼衍》中曾经这样说：

围棋初非人间之事。始出于巴邛之橘，周穆王之墓；继出于石室，又见于商山，乃仙家养性乐道之具。

魏晋时期还有一首诗文流传下来，诗云：

人说仙家日月迟，仙家日月转堪悲。

谁将百岁人间事，只换山中一局棋。

从以上文献中，可以明确地表现出魏晋南北朝时期围棋的发展和崇高地位。

由于南北朝时期玄学的兴起，导致文人学士崇尚清谈，因为弈风在这一时期非常流行，下围棋也被南北朝人称为"手谈"。

上层统治者都是些围棋的爱好者，他们以棋设官，建立棋品制度。这种棋品制度，只有一定水平的棋士，才有可能被授予与棋艺相当的"品格"。

当时的棋艺分为九品，史书《南史·柳恽传》中记载："梁武帝好弈，使恽品定棋谱，登格者二百七十八人。"这段文献，表现了当时棋类活动的普及程度。以至于后来的围棋被分为"九段"，理论上就是从这里来的。

围棋的发展包括两个方面，一是棋艺的提高，一是棋盘格局的改进。二者是相互依存的关系，只有棋艺提高了，人们才要求进一步改进棋盘。反过来说，将棋盘改进了，也就对人们的棋艺提出了更高的要求。

就棋盘格局形制而言，围棋的纵横16道线的格局保持了相当长时间。

三国时期文学家邯郸淳所著的《艺经》上说，魏晋及其以前的"棋局纵横十七道，合二百八十九道，白、黑棋子各一百五十枚"。

这段文献与河北望都发现的东汉围棋局制完全相同。但是，在甘肃敦煌莫高窟石室中发现的南北朝时期的古书中却记载着，南北朝时

期的围棋棋局是"三百六十一道，仿周天之度数。"

这段文献说明，当时已经开始流行19道的围棋了。这些形制与后来围棋的棋局形制完全相同，这也反映出当时的围棋已经初步具备以后的围棋定制了。

同时，这些文献也说明，在魏晋南北朝时期，围棋呈现出了发展的趋势，围棋高手们很可能已经不满足16道的围棋格局了。

至于后来所使用的19道线、361路棋盘到底出现于何时，已经很难考证了。

后来人们从新疆火洲阿斯塔那村魏晋时期的古墓中，发现有一幅彩色的围棋仕女图，上面画的围棋盘是19道线。

上述这些魏晋时期围棋形制的变化，极大地促进了围棋游艺技术的提高，为后来围棋游艺的进一步发展奠定了扎实的基础。

因此，历史学家们普遍认为，在魏晋时期，棋盘格局的变化是一个相当漫长的过程，尤其是这种围棋形制的变化要被所有的棋手一致认可，这根本不可能在历史某一个时间段或某一个地区内完成。

围棋的新形制总是由局部推广到全面，在很长的时间内逐渐推广完善的。而老的形制也不可能在一夜间完全消失。

围棋盘由纵横17道298路，在魏晋时期被改为纵横19道361路。这一形制的巨大改变，使魏晋时期围棋的发展在围棋发展史上具有里程碑的作用，也具有非常重大的意义。

知识点滴

古代的《孙子算经》上有这样的话："今有棋局方十九道，问用棋几何？答曰：三百六十一。术曰：置十九道，自相来之，即得。"虽然古籍中有明确记载，但问题是，这本《孙子算经》到底作于何时以及作者是谁，这个问题历来都有分歧。后来清代的文学家朱彝尊认为《孙子算经》是春秋时孙武所著，不过与他同属清代的文人阮元则认为《孙子算经》是周朝时期的著作。但是《汉书·艺文志》并没有收录《孙子算经》，一直到《隋书·经籍志》上才有关于《孙子算经》的记载。所以阮元的说法人们一般很难接受。不过更多的人都认为《孙子算经》是两晋南北朝时期的著作。

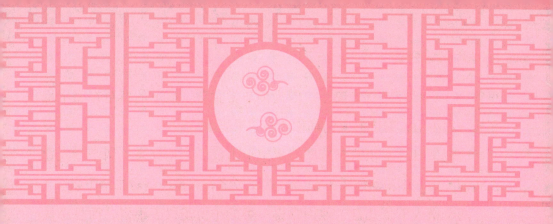

唐宋时期的棋待诏制度

　　唐朝天宝年间的一天清晨，在河套地区的一个山庙前，有两个僧人对坐在庙门处下棋，这时从村里来了一个小伙子。

　　这个小伙子姓王，他本没有名字，只是山下的一个樵夫。小伙子出身非常贫寒，在他很小的时候，父母就生病去世了。小伙子从小就

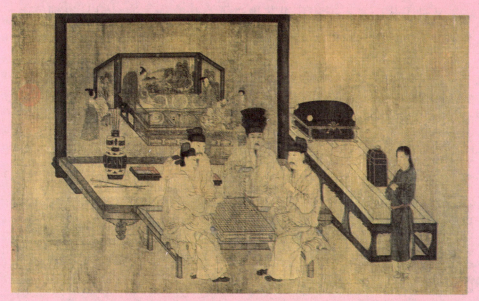

很独立，每日都以砍柴谋生。因为他非常勤劳，砍下的柴草在家中堆积成一座小山，附近的人们都称他作"王积薪"。

话说这日，王积薪拿着柴刀本想上山砍柴，正好遇见两个僧人在山庙前下棋。王积薪便丢下柴刀，在一旁饶有兴趣地观看二僧下棋。

两个僧人下了几盘，他们觉得一旁的小伙子仪表不俗，而且小伙子对围棋非常感兴趣。两个僧人便开始教王积薪下围棋，他们只是简单地将围棋的规则告诉王积薪，谁知王积薪非常聪明，一点就透，他很快就可以和僧人对弈了。

两个僧人见到王积薪聪明好学，进步非常快，他们很高兴，便送给王积薪棋图和棋书，他们又鼓励王积薪继续努力，还说他将来一定会大有希望。

王积薪回到家中，整日拿着棋图和棋书勤奋苦学，由于他的刻苦用功，围棋棋艺进步得非常快，短短几日间，两个僧人已经不是他的对手了。

又过了几个月，王积薪棋艺更进了一步，他走遍乡里县里到处去找人下棋，可惜没有人是他的对手。

山庙里的两个僧人听说这事后非常欢喜，他们找到王积薪，又赠给他马匹和路费，叫他骑马到城里去找高手较量，以便提高自己的围棋棋艺。

后来，王积薪听说洛阳李九言府上正在举行围棋擂台赛，在擂台赛上，大国手冯汪所向无敌，他就决心去同冯汪较量一番。

王积薪告别两个僧人，骑着僧人送他的马，带了棋盘棋子赶往太原。王积薪沿途休息时也不忘下围棋，他如果遇到会下围棋的人，就一定要拉住那个人与他对弈数局。谁知，王积薪这一路上竟然没有遇到对手。

王积薪到了洛阳李九言府上，便马上要求与冯汪对弈，冯汪答应了，他们便在李九言府中的金谷园内对阵。

王积薪与冯汪连下了9局，开始王积薪不是大国手冯汪的敌手，他先以2比4落后于冯汪。但王积薪悟性非常高，他竟然可以在败局中接二连三得到感悟，很快提升自己水平，这令冯汪啧啧称奇。

后来王积薪又连胜3局，最终他以5比4战胜冯汪取得了最后的胜利。过了两天，王积薪总结了这次与冯汪对弈的经验，他将这9局棋加以评注，成为了棋史上有名的《金谷园九局图》。

据说这9局棋下得非常激烈，每一局都惊险迭起，精彩纷呈。唐代有诗人以"眼病休看九局棋"这样的诗句形容这9局棋。可想而知，双方令人眼花缭乱的对弈招数有多么精彩，多么复杂。

王积薪战胜国手冯汪后，名声大震。中书令燕国公张悦便召王积薪到他家里当了一名棋客。后来张悦又推荐他进入翰林院，唐玄宗也认可了王积薪的棋艺，王积薪便做了唐玄宗的棋待诏，被封为九品官。从此，他每日在宫中陪皇帝和亲王们下棋。

王积薪是个不断进取的人，他用空余时间研究棋艺理论，还总结出了自己每一次对局的经验。王积薪撰写了不少棋书，最著名的就是围棋《十诀》这部书，《十诀》在围棋书籍中地位极高，甚至被围棋爱好者奉为金科玉律。

王积薪在当棋待诏之后，他每日仍是不断努力提高自己的棋艺，最后终于成为了当时棋坛上第一的大国手。

王积薪的故事被记载在史册中，虽然他是个棋待诏，只能在宫廷与帝王贵族们对弈，但他刻苦学习围棋的故事却广泛流传在民间，成为当时家喻户晓的围棋第一高手。

唐宋时期可以视为围棋游艺在历史上发生的第二次重大变化时期。由于帝王们的喜爱以及其他种种原因，围棋得到长足的发展，对弈之风遍及全国。

这时的围棋，已经不仅在于它的军事价值，而主要在于陶冶情

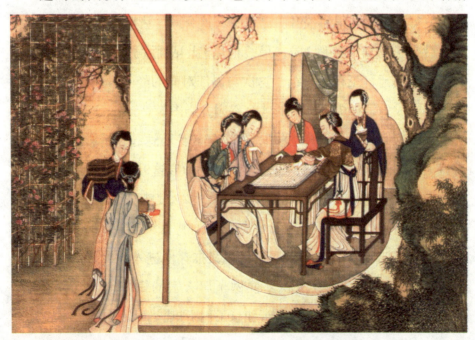

操、愉悦身心和增长智慧。围棋与弹琴、写诗、绘画被人们引为风雅之事，围棋也成了老少皆宜的游艺娱乐项目。

在新疆阿斯塔那村的唐墓中出土了《仕女弈棋图》绢画，就是当时贵族妇女对弈围棋情形的形象描绘。

人们在河南安阳隋代贵族张盛的墓穴中发现了瓷质围棋盘，以及唐代皇帝赠送日本孝武天皇，现藏在日本正仓院的象牙镶嵌木质的围棋盘，都已经是纵横各19道的了。

唐代长安出土的黑白圆形的围棋棋子，以及宋代杨公佐墓出土的50枚黑白圆形棋子等，都反映了这一时期围棋的变化和发展。

这些出土文物都说明了，在隋唐两宋时期，围棋的棋局已经是以19道线作为主要的围棋形制了，而围棋的棋子也已经由过去的方形改为了圆形。

在唐宋两代，这种围棋形制上的变化只是一种表现，除此之外，还有围棋棋手制度上的改革更为引人注目。

唐代实行了棋待诏制度，这种棋待诏制度是我国围棋发展史上的一个新的标志。所谓的"棋待诏"，是一些唐代翰林院中专门陪同皇帝下棋的专业棋手。

　　当时，供奉唐宋内廷的那些棋待诏，他们都是从众多的棋手中经过严格考核后入选的。他们都具有一流的棋艺，每个人都可以称为当时的"国手"。

　　唐代著名的棋待诏，有唐玄宗时的王积薪、唐德宗时的王叔文、唐宣宗时的顾师言及唐信宗时的滑能等。

　　由于棋待诏制度的实行，扩大了围棋的影响，也提高了棋手的社会地位。这种制度从唐初一直到南宋整整延续了五百余年，这种制度对我国围棋的发展起了很大的推动作用。

　　从唐代开始，昌盛的围棋随着中外文化的交流，逐渐走出国门。首先是日本，日本遣唐使团将围棋带回日本。围棋很快在日本开始流传了，日本不但涌现了许多围棋名手，而且对棋子、棋局的制作改革也非常地考究。

　　文献中曾有记载，如848年，日本国王子来唐进贡时所带的棋盘就是用玉石雕琢而成的，而棋子则是用集真岛手谈池中的玉子做成的。

　　除了日本，朝鲜半岛上的百济、高丽、新罗也同大唐有着密切的往来，特别是新罗多次向大唐派遣使者，而其间的围棋交流更是常见的事。

　　史书《新唐书·东夷传》中就记述了唐代围棋高手杨季鹰与新罗的棋手对弈的情形，说明了当时新罗的围棋已经得到了广泛的传播，而新罗的围棋手也具备了一定的水平。

在唐宋时期，统治者纷纷提倡围棋，于是围棋成了贵族子弟的必修课，围棋在宫廷中数百年来长盛不衰，也逐渐形成了一种特别的宫廷围棋文化。

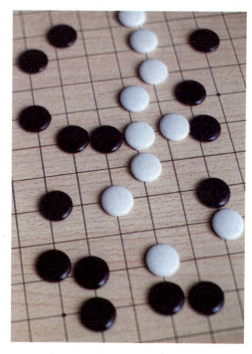

隋唐两宋时期，围棋是一种"阳春白雪"，是高雅雍容的游戏。唐宋的围棋是宫廷文人们的专属游戏，寻常百姓必须敬而远之。

儒家学说在我国历史上占据政治上的主流，但道家的理想历代以来更吸引着无数人，也成为我国文化中的第二种生活方式和人生理想。

唐宋时期的文人很多崇尚道家的生活方式，他们主张隐世，但这些"隐士"们终究没有也不可能做到"遁形于人世"。他们只是与喧嚣的人世保持一段距离而已，毕竟他们还时时留恋人生的欢愉。

这种道家的生活方式和人生理想，更多地表现在文人与围棋的关系上，也就是他们把人生看作一局棋，把富贵、功名当作一局棋，把弈棋当作一场游戏，他们在棋局上把人生的酸甜苦辣都一一遍尝了。

唐宋时期，传统文化发展到了鼎盛，围棋的境界也被人们规定出来了。

古人云："落叶满空山，何处寻踪迹。"

这便是要求学棋的人不要只注重表面现象，还要追求围棋的本质。只有自己的心和力都到了那个境界，心中有道有境界，人才能超出尘世，达到围棋"禅宗"的最高境界。

唐代人认为，围棋的根本在于能够给自己提供一个修身养性的方法，围棋并不是争强好胜的武器，最重要的是提升棋艺的深度。

学棋和下棋之人，切不要在意一时的胜负，不要在意旁人的指责，不要注重眼前的名利，不要妒忌别人的成功，应该潜心于棋艺的研究之中，只有这样才能突破自己的境界。

在唐宋时期，因为陶醉于围棋的巨大魅力，宫廷贵族和文人雅士们普遍都偏爱围棋，他们始终不肯将围棋在民间推广。直到南宋以后，围棋才开始在民间普及了，这时的围棋才真正成为了古代雅俗共赏的竞技游戏。

知识点滴

唐宋大多数文人由于政治上的失意，他们便开始追求精神上的自由。于是文人们纷纷怡情于琴棋，忘情于山水，这样的例子实在太多，举不胜举。

最典型的是东坡居士，他并不擅长下棋，却执迷不悟地爱棋。即使苏轼为了下棋坐上一天，他也不觉得厌倦。说起苏东坡爱棋，不如说他迷恋古松流水之间坐弈的这种美好意境。

后世文人普遍认为苏东坡得到了围棋的真道，他们认为只要得到精神上的升华，便是悟透了下棋。而棋艺的高低本身却无关紧要，重要的是人能够从棋中悟得一种禅宗的境界。

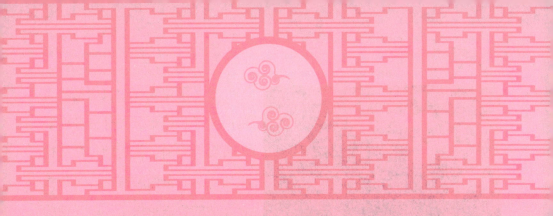

元明清时期的围棋普及

在清代康熙年间，浙江海宁有个酷爱下围棋的人，他姓范，名叫范禄。范禄整日痴迷围棋，只可惜他的围棋棋艺始终不高。

有一天，范禄在家中与朋友下棋，他3岁的儿子范西屏在一旁指手画脚，儿子总是望着棋盘牙牙学语。范禄看见幼小的儿子也喜欢围棋，非常高兴，他便把自己围棋的嗜好传给了儿子。

范禄知道自己围棋天赋不行，他便将所有的希望都寄托在儿子范西屏身上。范禄唯恐儿子和自己一样不成气候，他当下决定带范西屏去拜乡里的围棋名手郭唐镇和张良臣为师，很快，范西屏的棋艺日见长进。

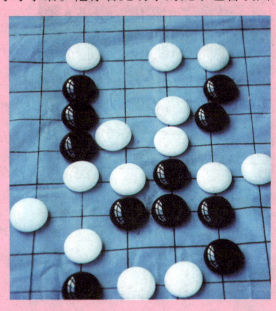

不久两位老师的棋力都不及范西屏了。范禄又送他去拜山阴县著名棋手俞长侯为师。俞长侯棋居三品。范西屏有这位名师指点，他的长进更快了，由于他的天赋和刻苦，12岁的范西屏已经可以和老师俞长侯齐名了。

3年后，范西屏学有所成，他已经战胜了自己的老师。范西屏与俞长侯连下了10局，俞长侯已经完全不能招架学生范西屏的凌厉攻势，10局都败在他手上了。从此，俞长侯隐退棋坛，再不跟任何人下棋。

范西屏16岁时，就成了闻名天下的国手。又过了两年，当范西屏笑傲棋坛的时候，全国能与范西屏在围棋上抗衡的，只有一个人，那就是与范西屏同属"四大家"的施襄夏。不过，施襄夏是思考派的，他的思路不如范西屏敏捷灵活，当两人对弈时，施襄夏常常锁眉沉思，他总是半天下不了一个棋子。

反观范西屏就轻松自在得多，范西屏似乎完全不把棋局放在心上，他应子之后，知道施襄夏这次要考虑很久，就去床榻上睡觉了。

有一回范西屏与施襄夏对局，范西屏的局势十分危急。观棋的人都认为范西屏必输无疑，已经毫无得胜希望了。

范西屏仍然沉着冷静，只思考片刻便下了一子。果然这一子令范西屏的局势柳暗花明，满盘的

死棋竟然活了，施襄夏称赞不已，一旁观棋的人也是连连惊叹。

在乾隆四年时，二人受到当湖文人张永年的邀请，前往教授他棋艺。张永年请二位名手对局以为示范，范西屏与施襄夏就此下了著名的"当湖十局"。

"当湖十局"下得极是惊心动魄，这是范西屏、施襄夏一生中最精妙的杰作，也是我国古代对局中登峰造极之局。

他们的棋力远在众多棋手之上，全国能与他们对弈的人寥若晨星，一般的高手必须要二人让子后才可开局，足可见范西屏和施襄夏的厉害之处。

关于范西屏让子对弈，还有这样一则故事。

据说嘉庆初年，范西屏前往上海。当时上海最优秀的棋手是倪克让，其次是宫加录等人，但这二人都不是范西屏的对手。

有一天，范西屏来到豫园，他见有人对弈便停住了脚步。他看了一会，见客方要输便好心给客方出主意。旁边人不高兴了，对范西屏说："这是赌博，旁观者不能多话。你既然会下棋，为什么不自己来决一胜负呢？"

范西屏笑了笑，他从怀里取出4锭银子，对众人说："这就是我的赌注，谁来和我对弈一局？"

一旁的人看到这么多银子，他们想范西屏如此有钱，想来棋艺肯定不行。于是众人纷纷争先恐后要和范西屏对弈。

范西屏接着说："我下棋不怕别人说话，你们可以合在一起和我对局。我如果输了，这银子你们拿去分吧！"

众人一阵哂笑。但他们很快就不敢笑了。众人一连输了5局，每次棋没下到棋盘的三分之一，与范西屏对弈的棋手就已经手足无措了，即使群策群力，众人一起想办法抗衡范西屏都总是败得一塌糊涂。

于是有人赶紧去报告棋手宫加录，宫加录赶到后，范西屏坦然自若，许诺让他3子与他下了一局，宫加录很快就输了。范西屏再让子，宫加录还是输了。大家顿时傻了眼，又不得不去搬来最后的援兵倪克让。

倪克让闻风而至，马上就认出范西屏来了。倪克让二话没说，上前伸手弄乱了棋盘，他告诉众人："这是天下数一数二的范西屏范先生，你们怎么可能是他的对手呀！"

众人大为震惊，他们纷纷上前向范西屏认错，责怪自己有眼不识泰山。范西屏来上海的消息很快就传开了，上海的富豪们纷纷请他教棋授课。

范西屏的棋风非常灵活，他不是很注重一城一池的得失，而更多地从全局去考虑。范西屏具体手法也是时时转换，这种多变的手法令不少棋手心悦诚服，因此他们对给范西屏评价甚高。

范西屏不仅汲取了前人的全部经验，而且通过自己的领悟，也对围棋有所创见和发展。范西屏的可贵之处，还在于他并不认为围棋发展到自己这里就停止了，他认为围棋的发展是永无止境的。

通过范西屏的几个小故事，可知元明清三代，我国的棋艺水平得到了迅速的提高。

元明清围棋的发展，重点表现就是明清时期流派纷起和围棋在民间的传播。

明代正德、嘉靖年间，棋坛上形成了3个著名的围棋流派：一是以永嘉人鲍一中为首，李冲、周源、徐希圣附之的永嘉派；一是以新安人程汝亮为首，汪曙、方子谦附之的新安派；一是以北京人颜伦、李釜为首的京师派。

这三派风格各异，他们在布局攻守侧重点有所不同，但他们都是当时的名手。在围棋三大流派的带动下，长期为宫廷贵族和士大夫垄断的围棋，开始在市民阶层发展起来了。

当时涌现出了一大批"里巷小人"的棋手，他们通过频繁的民间比赛活动，使围棋游艺得到了更进一步普及和发展。

随着围棋游艺活动的兴盛，一些民间棋艺家编撰的围棋谱也大量涌现，如明代文人林应龙著《适情录》、明代文学家许谷著《石室仙机》等20余种围棋谱，都是当时颇有价值的著述，从这些棋谱中，可以窥见当时的围棋技艺及理论发展的情况。

清代，满族对汉族文化的吸收与提倡，也使围棋游艺活动在清代得到了高度发展。清代名手辈出，棋苑也是空前繁盛。而在清初，就已经有了一大批名手，以过伯龄、盛大有、吴瑞澄最为出名。

尤其是清代文人过伯龄所著《四子谱》二卷，他根据明代旧谱的招法加以变化，又详加注解，使《四子谱》成为围棋书籍中不朽的杰作。

在元明清时期，由于围棋将科学、艺术和竞技三者融为一体，有着发展智力，培养意志品质和机动灵活的战略战术思想意识的特点，因而，逐渐地发展成了一种老少皆宜的文化竞技活动。

与象棋不同，围棋承载了更多的我国文化和艺术的思维。象棋的艺术性不如围棋，所以围棋被列为"琴、棋、书、画"我国古代四大艺术之一，是有其原因的。

我国的传统艺术重在审美，围棋和音乐、绘画、书法一样，都能给人一种美感。围棋无论是棋具还是棋势、棋理、棋境，都有一种不可言传的美感在其中。

由于我国特有的文化色彩，围棋从一开始就带有其独特的文化价值，它既是一种智慧游戏，又是一种修身养性和怡情悟道的工具。

元明清以来，随着时间的推移，围棋的含义也在不断地演变，但围棋具有的某些中国式的色彩仍然无法抹去。

围棋在元清明的蓬勃发展，也对棋手智力的要求越来越严格了。具体来说，围棋的棋盘看似很小，但其实很大，它包容了太多智慧。如果棋手思路太窄，想得太少，或者只看眼前一着棋，没有想到整体，都是不能赢棋的。

　　因此，在行棋过程中要通过招数思路来解决问题。比如弃子，棋手们利用丢几个子来达到局面领先的目的。在这之中最重要的是全局观，在围棋中有全局观是赢棋的必要条件。

　　说到这，一个最重要的问题也引出了，就是围棋心理问题，包括心理健康和心理素质。围棋可以锻炼心理承受力，在处于劣势时，棋手会不断拼搏，想反败为胜。当然总会有输赢，再厉害的棋手也不一定每次都是赢家，这都是正常的，虽然围棋只是一种游戏或竞技，但是由围棋引起的关于围棋与我国传统文化、围棋与为人处世，以及关于围棋的其他方方面面的思考却永无止境。因此，围棋是我国优秀文化中的不可缺少的一部分。

　　提起清代围棋的发展，就不得不提围棋"四大家"。

　　康熙末期至嘉庆初期，我国的围棋之风达到了鼎盛。当时棋坛上涌现出了一大批名家。其中梁魏今、程兰如、范西屏、施襄夏四人被称为"四大家"。

　　在四人中，梁魏今的棋风奇巧多变，使其后的施襄夏和范西屏受益良多。施、范二人皆浙江海宁人，并同是少年成名，人称"海昌二妙"。

　　据说在施襄夏30岁、范西屏31岁时，二人对弈于当湖，经过十局交战，胜负相当。当湖十局下得惊心动魄，成为流传千古的精妙之作。

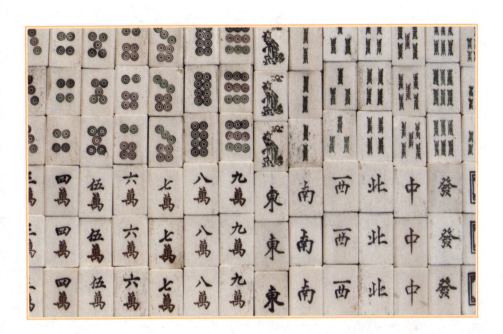

中国麻将

  麻将是汉族发明的一种益智游戏，属于牌类娱乐用具，是用竹子、骨头或塑料制成的小长方块，并在上面刻有花纹或字样，每副有基本牌136张，加春夏秋冬，梅兰竹菊花牌8张，共144张。

  麻将是一种4人骨牌博戏，流行于华人文化圈中，只是不同地区的游戏规则不同。

  麻将与其他骨牌形式相比，玩法最为复杂有趣，它的基本打法简单，容易上手，但其中变化又极多，搭配组合因人而异，因此是我国历史上一种最吸引人的博戏形式。

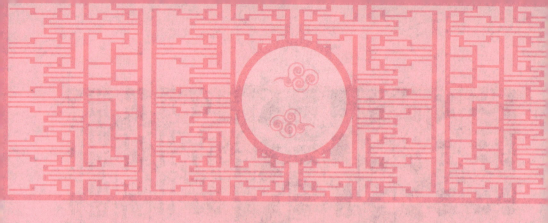

博戏是麻将发源的鼻祖

　　在唐朝贞观年间，长安城有个父母双亡的少年，他家里非常穷，也没有人给他起名字。人们只知道他姓麻，于是都叫他小麻子。小麻子聪明勤劳，他的好胜心极强。

　　有一天，在长安城的大街上，一位出征的将军得胜回朝时，将军披红挂彩，骑着高头大马缓缓前行，很是得意。

　　人们在街道两旁观看，全都露出羡慕的眼神。小麻子也在其中，他望着八面威风的大将军，转过身对同伴们说："我以后也要做个大将军，好好威风一下！"

　　同伴们听完，一

个个笑得前仰后合，纷纷讥讽他道："千军易得，一将难求。人家是什么样的人物，凭你一个连饭也吃不上的穷小子，还想跟人家比？真是太不自量力了！"

小麻子听后，一言不发，默默地走开了。从那一天起，他起早摸黑地练起武来。同伴们见他当真想当将军，就给他取了个外号叫"麻将"。后来人们叫顺口了，"小麻子"的外号反而给忘了。

不过没多久，麻将就无法练武了，因为他光练武不干活，他连饭都没得吃了。小麻子没办法，因为他饿得没气力耍弄枪棒了，只得先干活挣钱换饭吃。好在他有一手搓麻绳的独门手艺，他的麻绳搓得又快又好，因此请他干活的人很多。

人们一见到麻将便纷纷喊他道："喂！麻将，今天到我家搓麻绳。""麻将，明天到我家去搓麻绳。"就这样，麻将今天给东家搓麻绳，明天又给西家搓麻绳。

因为麻将整天搓麻绳，再没什么空闲时间了，他便干脆放弃了练武。麻将到街市上做起了贩卖麻绳的生意，他心中却暗暗发誓："做不成将军至少也要做个大富翁！"

以后，麻将身上就常常备着一条条长短不等的细麻绳，他赚了一个铜子儿就用细麻绳把铜子儿串起来。麻将每日口里念叨着："一铜，两铜，三铜……"

等麻将攒够9个铜子儿后，他就用细麻绳挽作一圈，然后他将那条挂着铜子儿的麻绳挂在腰间称为"一条"。当麻将又攒了9条挂着铜子儿的麻绳后，就合在一起称之为"一万"。

麻将还备了4只白板箱子，打算攒满"九万"后，就将那些铜子儿全部装进4个箱子里，然后他就可以带着钱回家养老了。

麻将历经千辛万苦，走遍了岭北江南，他总算攒满了4大箱子的铜子儿。这时，麻将的好友们就劝他说："你历经了那么多个春夏秋冬，现在已经是两鬓斑白，你这些年为了赚钱，走遍东南西北，饱受了风霜雨雪之苦。现在就不要一心再想发财，也该保重身体，回家享享清福了。"

麻将听了，觉得有理，就决定打道回府了。于是麻将带着钱回到家乡，他用那些钱盖房娶妻，开始过上安稳富足的生活了。没过两年，妻子就给麻将生了个儿子，麻将给儿子起名叫作"红中"。

由于人们羡慕麻将的晚年生活，又佩服他吃苦耐劳的创业精神，为了纪念麻将，也为了激励自己，他们便把麻将一生的经历都刻在了小木板上。

人们在小木板上刻了"筒子""万子""条子""东南西北""发财""白板""红中"，又用麻将的名字为其命名为"麻将牌"，并且"麻将牌"很快就在民间流行开来。

后来人们又加上了各种花牌，整副牌共计144张。人们还用四方桌确定东西南北4个方位，然后4个人围坐一团，根据一个季节共有13个星期，所以每人都有13张牌。

当然，这个故事只是个关于麻将的趣话。其实麻将起源于我国，它原来只属于皇家和王公贵族们的游戏，其历史可追溯到上千年以前，只是在长期的历史演变过程中，它才逐步从宫廷流传到民间的。

在麻将界，普遍都认为麻将牌的雏形是明末盛行的马吊牌和纸牌，并通过不断发展和演变，这才形成后来的麻将牌。但是马吊牌和纸牌等娱乐游戏，又都和我国历史上最古老的博戏有着千丝万缕的联系。后来流行的围棋、象棋、麻将牌等博弈游戏，都是在古代博戏的基础上，发展和演变而来的。

古博戏到底开始于什么时候，其准确的年代我们已经很难说清。但是根据《史记》和其他有关文字的记载，博戏的产生至少在商朝以前。

我国最早的博戏叫"六博"，有6支箸和12个棋子，箸是一种长形的竹制品，相当于后来打麻将牌时所用的骰子。

博戏的玩法是：两人相对坐着，棋盘为12道，两头当中为水。人们把长方形的黑白各6个棋子放在棋盘上，又用两条鱼置于水中。比赛双方轮流掷骰子，人们根据掷骰子的大小，决定棋子前进的步数。

当棋子到达终点，人们便将棋子竖起来，成为骁棋。若棋子成为骁棋，便可入水"牵鱼"获得一筹。最后获得6筹的人就是胜者，没有成为"骁"的棋子，就称为"散"棋。"骁"棋可以攻击对方的棋子，也可以放弃行走的机会，"散"棋就不可以。

在汉魏以后，博戏发生了根本性的变化。博戏中的棋子脱离了骰子，开始独立起来并向象棋的方向发展，并逐渐演变成为一种新的游戏。

而博戏中的骰子则变为5个木制的骰子，这种玩法也独立成为一种新的博戏用具，称为"樗蒲"。樗蒲以掷点分胜负。

相传三国时期大枭雄曹操的儿子曹植所造的骰子是用玉制成的，后来又改用骨头制作，将5个骰子改为两个，又规定骰子必须是立方体，骰子的6个面刻上点数，点数从1至6。所以当时人们又称骰子叫作"双六"。

博戏到了唐代时，骰子也成为一种独立的博具，并且由两个骰子变为6个骰子。

据传，唐明皇与杨贵妃曾经掷骰子当作娱乐。那时唐明皇掷骰子的战况不佳，他只有让6个骰子中的两个骰子同时出现点数"四"才能转败为胜。

于是唐明皇一面举着骰子投掷，一面连呼："重四，重四！"结果当骰子停定后，正好是两个

4点。唐明皇极为高兴，便命令高力士将骰子上的4点和对面的一点都涂为红色，从此以后，骰子的1点和4点就是红色了，而其余四面却都是黑色。

自唐代后，用6个骰子做成的游戏方法，在当时称为"骰子格"。在"骰子格"的基础上演变而成的游戏用具便是宋徽宗宣和年间所产生的骨牌。

骨牌是用象牙或象骨制成的，人们将骰子的立方体变成长方体，将骰子的六面镂点改成一面镂点。骨牌共有21种花色，每色都是由两个骰子的点数组合而成，因此骨牌中最大点数为12点，最小为两点。每色有两张或一张，总共32张。

唐代中期，早"骰子格"出现后，又有一种叫作"叶子戏"的游戏出现。关于"叶子戏"的由来，说法不一。古人都传"叶子戏"是妇人用叶子青做成的。

这种说法似乎有些牵强附会。其实，当时所称的"叶子戏"，并非是一种成形的游戏。只不过是人们玩"骰子格"时记录输赢数值的纸片。

这个观点从宋代文学家欧阳修所著的《归田录》中得到证明：

唐人藏书，皆作卷轴，其后有叶子，如今之手折，凡文字有备检查者以叶子写之。骰子格本备检用，故亦以叶子写之，因以为名尔。

"叶子戏"是一种盛行于我国唐朝的树叶形纸牌游戏。其实"叶子戏"就是纸片，它只是记录数值的纸片，我们却可以把它看成是麻将牌的鼻祖。

在唐代时，又有一种被称作"游祥和"的纸牌游戏，大致跟"叶子戏"大同小异，也被人们认为是麻将的鼻祖。它流传于我国民间已经有上千年的历史，但因为玩的人聚在农村一隅而鲜为人知。

"游祥和"的牌上只有点数，点有红黑两种颜色，每副52张，4个人一组，一人坐庄，各自出牌。但是"游祥和"的打法又与后来的麻

将牌很不一样，它的玩法颇为复杂。

"游祥和"这种纸牌大概是唐朝初期才出现在我国民间的，后来它随着黄河流域的达官贵人一起迁移到荆楚吴越等地的，而它的出现具有里程碑意义。

这种"游祥和"纸牌游戏是利用点数不同组合，使博技游戏的内容更加丰富，玩法更加多样化。据初步考证，它有可能是现代麻将的雏形。

因为"游祥和"纸牌游戏的不同组合与排列设计体现了中华民族智慧的演绎，同时又为麻将牌的排列和组合提供了很多可以借鉴的经验。

知识点滴

相传麻将起源，还有另一种说法。元末明初有个名叫万秉迢的人，他非常推崇施耐庵笔下的梁山好汉，便想将《水浒传》的人物发扬光大，于是他将水浒英雄融入他所发明的游戏中，这样万秉迢才发明了麻将。

麻将以108张为基数，分别隐喻108条好汉。比如牌中九条指的是水浒英雄中的"九纹龙"史进，二条指的是"双鞭"呼延灼。

万秉迢之所以把麻将分为万、饼、条三类，他是取其本人姓名的谐音。麻将中的每一类从1至9各有4张牌，刚好108张，也象征着从四面八方汇聚梁山的108条好汉。

当然，这些好汉来自"东南西北"，也来自社会上富贵贫穷的各个阶层，所以万秉迢再加上"东南西北""中""发""白"这些花色的骨牌，于是整副麻将牌就有136张了。

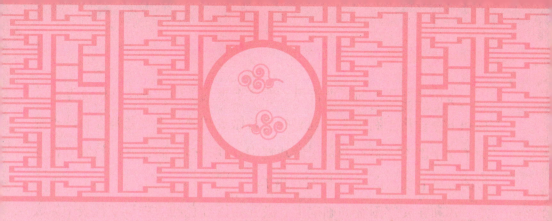

郑和在航海中发明麻将

明朝永乐年间，大航海家郑和率领数万将士，乘着当时世界上规模最大的船队，前后7次前往东南亚、印度等地。

话说那是郑和第一次出海一个月后，由于他们离开大陆在海上漂泊太久，在长期的航海过程中，许多将士因为海上生活的枯燥，止不住地思念家乡，于是每个人的脸上都是一副愁苦表情，全都萎靡不振。

郑和看了非常着急，他担心长此下去，后果会不堪设想。郑和为了给将士们解闷，也为了振作他们的士气，他便开始寻找解决的方案。

　　郑和经过几天的冥思苦想，他终于想到了切合现实的解决办法。郑和下令让将士利用船上现有的毛竹做成竹牌，再令艺师在竹牌上雕刻了文字图案，最后制定了游戏规则。就这样，制作好的竹牌放在吃饭的方桌上就能供4个人同时娱乐了。

　　郑和在文字图案的确定上，最开始以红色的"中"字代表中原大地，这又符合中国红的原则。而他在竹牌刻上"发"字，暗合他率领军士们航海经商。

　　而"经商发财"的数量则是从"一万"到"九万"，郑和按照我国"过满则溢"的习俗，没有刻更多的万。

　　等万字牌定下来之后，其他的文字图案就照样推出来了。因为船上粮食主要是大饼。于是，"一饼"到"九饼"就出来了。

　　但是天天"大饼"吃得腻了，在海上也没别的食物，只能吃海鱼了，这样，"一条"到"九条"也出来了。而在海上行船要依靠风向，这便有了"东""南""西""北"风。最后，郑和又用"白板"代表了白茫茫的大海。

　　郑和发明的游戏一经推出，在他的船队中盛况空前。一时间海上浩荡的船队响起了一片"哗啦哗啦"搓竹牌的声音。

　　在将士中，有一个姓麻的将军，他玩竹牌很厉害，屡战屡胜，而且他胜了之后就会大声唱歌，这样极大地鼓舞了船队上下的士气，后来，郑和发明的这种竹牌便正式取名为"麻将"牌了。

　　就这样，郑和的船队下南洋回来后，也带回了一个风靡我国大地六百余年生生不息的麻将游戏，并衍生出几乎可以代表我国文化的麻将文化。

　　马吊牌是一种纸制的牌，最开始只是作为筹码使用的。整副牌共

有40张，总共分为十万贯、万贯、索子、文钱4种花色。

其中，万贯、索子两种花色都是从1至9各一张。十万贯则是从20万贯至90万贯，以及百万贯、千万贯、万万贯各一张。与十万贯类似的是，文钱也是从1至9，以及半文、没文各一张的。

十万贯、万贯的牌面上画有明代施耐庵所著的《水浒传》中梁山好汉的人像，万万贯派给了"及时雨"宋江，索子、文钱的牌面上画索、钱图形。

马吊牌的玩法是由4人对坐一起打，每人先取8张牌，剩余8张放在桌子中间。4个人轮流出牌、取牌，出牌是以大击小。

但是与纸牌不同的是，打马吊牌有庄家和闲家之分。庄无定主，可以4个人轮流坐。所以3个闲家可以合力攻击庄家，使他尽快下庄，让其他人当庄家。

至于马吊牌名称的由来，历来说法不一。

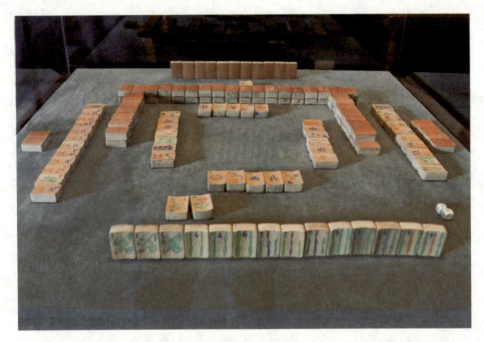

据说此牌是从筹码也就是码子演变而来，而牌面上所画的图案又都与钱有关。例如，文钱是钱，一贯是一千文钱，索是穿钱的绳子，也就是钱串。

而古代一千文钱也叫一吊钱，从这里似乎可以看到"马"与"吊"的影子。马吊牌的涵义便不言自明了，翻译过来就是"一种关于钱的牌"。

后来，人们在玩马吊牌时，常常感到纸牌的数量太少了，玩起来根本不能尽兴，于是人们开始把几副牌放在一起合成一副来玩，从此马吊牌就变成120张。

牌合在了一起，在玩法上也发生了变化。首先，除了3张连在一起的牌可以成为一副以外，3张相同的牌也可以成为一副了。

也就是说，上家出的牌，下家如果需要的话，还可以吃和碰。这时牌的组合就有了"坎""碰""开杠"等说法，而此时的纸牌也叫作

"碰和牌"。

清代著名文学家曹雪芹在《红楼梦》第四十七回《呆霸王调情遭苦打，冷郎君惧祸走他乡》中，贾母、薛姨妈、王熙凤等斗的就是碰和牌。书中这样写道：

> 鸳鸯见贾母的牌已十成，只等一张二饼，便递了暗号与凤姐儿。凤姐正该发牌，便故意蹉跎了半晌，笑道："我这一张牌是在薛姨妈手里扣着呢，我若不发这一张牌，再顶不下来的。"

上文中的"二饼"也就是"二文"，"文"这个字在马吊牌中已经被画成圆饼状，这段小说中的记载正是一个马吊牌中顶牌的例子。

与此同时，骨牌中也出现了一种"碰和"，也就是将21种牌色每

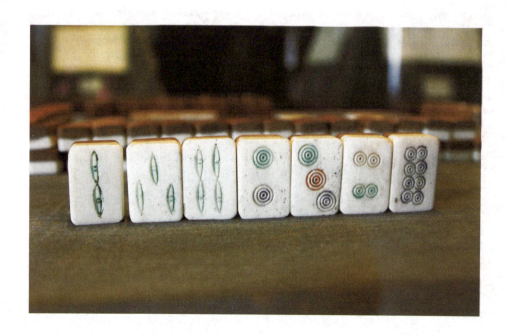

种五张合成一副。并且也有了"开杠""自摸加倍""相公陪打""诈和受罚"等规定。

骨牌的这些打法和术语也由马吊牌接受和继承下来了。

马吊牌与其他棋牌活动最大的不同在于，马吊牌是一种四方参加的游戏。它不像围棋、象棋、六博棋等都是双人对战，而桥牌虽然是4个人对战，但实际上是分成两边配合的。

双方参与的互动再复杂也会有限，而马吊牌的四方作战就更显得错综复杂了，从这一层面上来说，马吊牌反而是一种虚拟现实得更加真实的高智商游戏。

知识点滴

在明末清初马吊牌盛行的同时，由马吊牌又派生出一种叫"纸牌"，也叫"默和牌"的游戏用具。这种"纸牌"同马吊牌一样也是麻将起源的雏形。因为这种牌在玩的过程中要求玩家始终默不作声，所以又叫"默和牌"。

纸牌是供4人打的，是一种由纸制成的牌，一般长二寸左右，宽不到一寸。纸牌开始共有60张，它分为文钱、索子、万贯三种花色，这三种花色都是从一到九各两张，另外还有三色"中""发""白"各两张。如果一家打出牌，两家甚至三家同时可以和牌，这样最先得牌的人才算是赢牌。这些牌目和玩法已经很像后来的麻将牌了。

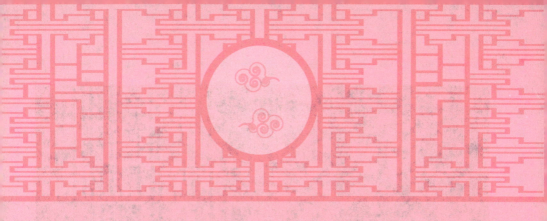

清代麻将的发展和定型

在清代初期，有这样一个故事。据说在顺治年间，江苏省太仓地区曾经是皇家的大粮仓，仓内常年囤积江南地区的稻谷，用来进行"南粮北运"，以缓解北方粮食的不足。

因为粮仓处囤积的稻谷多了，这样里面的粮食很容易发霉变质，

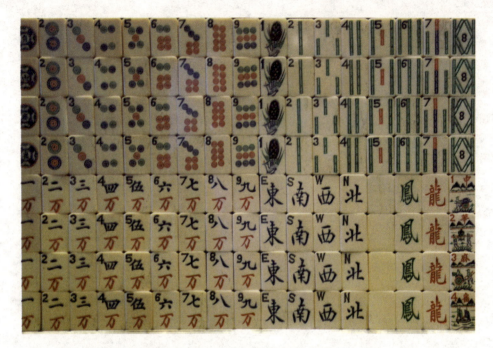

于是人们时常将仓里的稻谷腾出来，进行露天晒晾。

这样一来，露天晒晾的稻谷场引来了四面八方的麻雀前来享用美食，每天因为麻雀偷食，太仓就要损失很多粮食。

管理粮仓的粮草官为了奖励捕雀护粮的人，他们便以竹制的筹牌记录人们捕雀的数目，并根据这些筹牌来发放酬金。

为了防止有人弄虚作假，于是粮草官就在这些筹牌上刻上各种符号和数字，作为太仓地区专有的"护粮牌"，也叫作"麻雀牌"。

麻雀牌上三种基础花色的名字叫作"万""索""筒"。"筒"的图案就是火药枪的横截面，"索"即"束"，是人们将捕捉到的麻雀用细束绳一只只串起来，所以"一索"的图案以一个"麻雀"来代表的，"几索"就代表了几束麻雀。

而护粮的奖金则是按捕捉"麻雀"的数量的多少计算的。最后的"万"便是赏钱的单位，"几万"就是赏钱的数目。

此外，麻雀牌中的"东南西北"指的是当地的风向。三元牌中的"发"则是发放的赏金，也就是人们捕捉到麻雀后，他们可以去找太仓粮草官去拿赏金发财了。

而"麻将"牌术语中也有捕捉麻雀、保护粮食的太仓"麻雀牌"有关。比如"成牌"叫做"和"，"和"与"鹘"同音，而"鹘"则是一种专门捕雀的大鹰。

后来，太仓地区不用再囤积稻谷了，当地人手中还未换成酬金的麻雀牌也就没了用处，但他们为了纪念这些曾经起到保护粮食作用的"麻雀牌"，便通过制定一些游戏规则，逐渐地将这些麻雀牌改进成了一种游戏。当然这只是清代民间流传的麻将起源故事，但根据各种文献记载，麻将的雏形还是明代的马吊牌和纸牌。

那时人们最常用的桌子是方桌，也叫八仙桌。八仙桌用于打牌时总是面向一方，这也就限制在一方不能同时坐两个人。因此，打麻将是四个人各坐一方，人们还从四方中得到启发，便在麻将中增加了"东""南""西""北"这四种风牌。

至于"中""发""白"的增加，很可能是清代人们对升官发财的一种向往。

"中"就是中了举人当了大官，"发"就是发财，"白板"就是"清白"的意思。清代人认为，只有中了举人做了大官，还发了大财，同时又能保证自己做官后能保持清白的本色，才不招惹祸患。人们普遍认为只有这样的人生才是完美的，因为这个缘故，麻将牌中便有了三元牌。

清代中叶，人们发现在玩麻将时常常把牌拿完了，也没有人做成牌，他们感到很扫兴。为了弥补这个缺憾，于是他们又增加了"听用"。最初的"听用"只是增加两张，后来才逐渐发展增加为更多的张数，直到发展为有"绘"的麻将牌。

清代中期，麻将牌基本形成以后，上至朝廷，下至平民，各个阶层的人们都很喜爱它。平民百姓们也从打麻将中得到了无穷的乐趣。清代有一个牌运特别好的知县曾经写过一首诗，诗云：

今日赢钱局，排排对子招。

三元兼四喜，满贯遇全幺。

花自杠头发，月从海底捞。

散场要远避，竹杠怕人敲。

当清代后期麻将真正成型以后，人们在长期的麻将游戏中领会到了无尽的快乐和丰富的内涵。清代有个秀才总结这些内涵，曾经说过这样的话：

入局斗牌，必先炼品，品宜镇静，不宜躁率，得牌勿骄，失牌勿吝，顺时勿喜，逆时勿愁，不形于色，不动乎声，浑涵宽大，品格为贵，尔雅温文，斯为上乘。

一切游戏活动都有它的游戏规则，麻将游戏也不例外。遵守游戏规则，体现一种教养、一种学问、一种智慧、一种德行和一种秩序。也体现出对他人的尊重、对自我的尊重、对礼仪的尊重和对公正的尊重。这些话就是麻将游戏的旨意与精神。

所以有人说，"麻将文化"作为我国文化的一种典型象征，表现出了强调自我、善于独立生存的文化特征。

麻将更是我国古代娱乐活动中的一个传统节目，娱乐者在打麻将的过程中必须做到"眼观四方耳顾八面"，同时还要采用"守己顾彼"，"灵活机动"的战术。

打麻将牌的确是乐趣无穷，曾经有人这样形容打麻将：

若有数人相聚而行方城之戏，其间欢言笑语，尔碰我吃，其乐融融；胜负难料，却总有希望，让人心系未来。不分男女老弱，无论贵贱贤愚，规则划一，地位平等。

日出三竿，兴致正浓；月上柳梢，流连忘返。于排遣孤独，消磨时日，效果甚为彰显。因此流传甚广，经久不衰。

由此可见，麻将流行范围涉及清代社会各个阶层、各个领域，它已经进入到千家万户，所以说麻将是我国玩耍普及率最高的文娱活动之一。

麻将不仅深受市井百姓青睐，就是文化名人、达官显贵，也是对麻将乐此不疲。四人围坐大摆方城之情景随处可见，八手忙碌吃碰洗

牌之声不绝于耳。

清朝晚期，麻将在我国各个地区流传打法不尽相同，也带有很多不同地方的社会特色。

甚至各阶层制作和使用的麻将牌也很有讲究。从商的人常爱用花牌图案中有财神、聚宝盆的麻将牌。当官的爱用花牌图案中有升官发财、富贵长在的麻将牌。皇帝御用的麻将牌，麻将花牌图案中有江山万年、国泰民安或万寿无疆等文字图案。

还有人说，清代中叶麻将的游戏规则定型，它集中折射出我国的优秀文化精神和价值观念。

麻将虽然只有100余张，可它打起来却是丰富多彩，既要斗智又要斗勇。打麻将所用的方桌，是要4个人两两相对而坐,人们按照掷骰子顺序取牌，麻将是以单人为单位。

从文化角度而言，清代麻将规则的建立，可以折射出国人的处事风格与理念。在吃牌时，上家先于下家发牌，这体现了我国礼法中先后有序的社会规则。

但是下家也可碰吃上家，则体现了"弱势亦可战胜强势"的变化莫测的处事轮回。在麻将众多技法中，还讲究"看上家""盯下家""防对家"等。

人们除了在牌桌上斟酌自己牌的去留之外，还要估计另外3人牌技打法以此来决定是否跟牌、出牌等。是否能够及时预见和推测出牌情的演变，以及判断出形势的利弊，都是能否在牌桌上得胜的关键。

麻将真正体现出了国人注重人际关系的特点，比如"上下沟通""左右逢源""瞻前顾后"的处事行为特点。

麻将思维讲究既要单打独行，又要相互利用，这体现出了我国传统文化"君子和而不同"的精神理念。

小小的麻将看似简单易学，似乎只要认清牌点花色就可上阵博弈一番。但是如果要打出智慧，决定何时吃和碰，玩好麻将并不是一件容易的事。

麻将集中体现出了"先保自己生存，再谋发展，而不可给对手机遇"的思维特点，它的学问之深，若非牌中高人不能参透。

因此，麻将不仅体现了人们对预见能力的检验，还体现对自己判断力的考核，加上对牌具形、色等感觉，因而对玩家极具吸引力。

所以打麻将的人始终坚信，只要自己还坐在桌子上，财神就会眷顾自己，他也就有机会获得成功，就有机会和牌。

总之麻将在流传的过程中得到了不断的改进、完善、发展，具备了更强的生命力。

麻将游戏博大精深，是人类游戏智慧的结晶。麻将不但具有独特的游戏魅力，而且是集益智性、趣味性、博弈性于一体的文化娱乐休闲竞技活动。

麻将具有内涵丰富、历史悠久的东方文化特征，因而成为我国传统文化宝库中的一个重要的组成部分。在我国浩瀚的历史长河中，麻将和围棋、象棋等棋牌类游戏活动一样，都代表和反映着植根于古老东方文明的朴素哲学。

知识点滴

提到清代麻将发展，就不得不提麻将由纸制发展成后来骨制或竹制的这个过程。

清代中叶，由于纸牌拿在手中取、舍、组合牌时都感到十分不便，而且难以理顺；在娱乐过程中，这些不便更是种障碍。后来，玩骨牌的实际经验给了人们一些启发，人们根据骨牌的特点，觉得应该以硬质的东西来代替纸牌，这样就不存在取牌、舍牌和组合牌时的不便了。

于是，人们把骨制牌或竹制牌立在桌上，这样打起牌来就方便多了，从此"纸牌"这一称谓便销声匿迹了。直到此时，麻将牌的基本形制才开始形成了。

小型棋牌

　　在我国古代，各种棋类游戏争奇斗艳，这说明我国传统棋类文化包含了思维方式的智力因素。只要对棋类文化进行深入和广泛地研究就能发现，棋类游戏是我国古代劳动者的智力载体，人的智力决定着棋类游戏的各个方面。

　　除了象棋、围棋、麻将，其他如五子棋、六博等也是我国古代出现过的棋类游戏。了解我国传统棋类文化内涵，也可以使人获得哲学的观点、立场和方法，使智力层次得到提高。

五子棋的发源和演变

上古时代，五帝之一舜帝在很小的时候，他的母亲就去世了。舜的父亲很快又为舜找了个继母。没两年，舜的继母生了一个男孩，也就是舜同父异母的弟弟象。

舜的继母一心奢望象能够升官发财，她听说丹朱王子喜好石子棋，就请老师来教象石子棋。可是象桀骜不驯，没几天就把老师给气跑了。

舜则是个好学的孩子，他靠着老师教象石子棋的只言片语，便自己学会了石子棋，并经常一个人摆弄石子棋。

有一天晚上，舜坐在床头，呆呆看着窗外星光灿烂的夜空。啊！五星连珠！天上最亮的5个星星连成一线了！舜经常听村中的老人说，五星连珠是吉祥的征兆。

舜的脸上立刻露出了微笑，他转身走到棋盘前，很随意地在棋盘上拿起石子摆弄。舜左摆右摆，突然眼前一亮，顿时哈哈大笑起来说："五星连珠连五子！哈哈，太好玩了呀！"

舜的大笑和喊声将弟弟象从睡梦中吵醒，象揉着眼从床上爬起来说："哥哥，你嚷什么啊？"

舜把刚才见到的五星连珠及自己摆出的五子连珠告诉象。象摇了摇头说："你又没学过石子棋，你怎么会五星连珠呢？我不信！"

舜对象说："不信咱俩玩玩吧！"

象顿时来了精神，答应下来了。

舜笑了笑："那好吧！我执白石子你执黑石子，看谁先用5个石子连成一条直线，谁就是胜者！"

象说："没问题，这个太简单啦！"

于是双方你一步我一步走起来，没一会儿，象就连输三盘。

象说："不算，你是哥哥，我是弟弟，你应该让我先行棋。这样才公平嘛！"

舜答应了，可象还是连输三盘。

这一年，王子丹朱在京城大摆石子棋擂台，很多人不服气与丹朱对弈，但一连好几天都没有人能胜过王子丹朱。

舜因为在本地玩石子棋玩得非常好，他被伙伴们推到了擂台上。舜与王子丹朱大战了很久，仍是难分胜负，王子丹朱急得面红耳赤，但他就是无法胜过舜。

舜见天色渐晚，他对王子丹朱说："这盘咱们改日再下，下面我们能不能换个玩法？"

王子不屑地说："石子棋是我老爸发明的，不管怎么玩我都是天下第一！你说吧，我们怎么玩？"

舜说："无规矩不成方圆，其实规则很简单，我执白石子，你执黑石子，看谁先用5个石子连成一条直线，谁就是胜者。"

王子丹朱考虑了片刻说："我是王子我要先行！"

于是两人开始连了起来，没几个回合，王子丹朱就输了，丹朱并不服输，还要再玩一回合，可是他又输了。

不过丹朱绝顶聪明，第三盘他有所感悟了，双方下到棋盘快满了，仍然没有分出胜负。

这下引起了王子丹朱的兴趣，他当场宣布石子棋擂台赛结束。丹朱将舜接进王宫，让舜陪他继续玩起了石子连五的游戏。

舜经常在王宫与丹朱下棋，他的聪明被尧帝相中，没过几年，尧帝就将女儿嫁给舜，他还将王位也传给了舜。自从舜做了帝王，他便将石子连五的石头棋推广到了民间。

其实，舜发明五子棋的故事只是民间的一个传说，相传早在上古时期"尧造围棋"之前，五子棋游戏就在民间广为流传了。

五子棋的别称有连珠、连五子、串珠、五目碰等。五子棋起源于我国上古时代，它属于古代黑白传统棋种。

五子棋是一种两人对弈的纯策略型棋类游戏，棋具与围棋通用。五子棋的规则简单，容易上手，而且老少皆宜，但是简单的规则下，又使玩家趣味横生，引人入胜。

五子棋不仅能增强思维能力，提高智力，而且富含哲理，有助于修身养性。

数千年来，五子棋经过人们不断的规则改良，演变出了"禁手"

等规则，并将原属围棋
的19道棋盘改为五子棋
专用的15道棋盘。这些
五子棋规则和形制上的
改变，使五子棋更加趋
向正规和完善。

五子连珠游戏中，
其中包含着一个极为深
刻的数学问题。

为什么不是四子连
珠，或者是六子连珠？
一定要五子连珠呢？其实古人创造出五子棋这个游戏，早就考虑到这
一点了。

首先，如果规则是四子连珠，那就太容易啦，几乎下不了几步就
可以胜利了。而六子连珠呢，又太难了，即便把棋盘下满，谁也别想
胜利。这就说明，五子连珠是一个最佳的攻守平衡，如果增一子、减
一子都会打破这个平衡。也就是说四子连珠太容易，进攻的一方处于
绝对优势；而六子连珠又太难，防守的一方处于绝对优势。

而游戏的规则必须是让游戏双方处于平等的位置才可能进行，否
则游戏就不成其为游戏。所以五子连珠无疑是一个最佳的方案。

中华民族的祖先在发明五子连珠的过程中，肯定也不是一蹴而就
的，而是经历了四子连珠、六子连珠的尝试过程后，最后才确定为五
子连珠。

五子棋如果下到了攻守自如的最高境界时，其中的布局并没有什

么奇巧玄妙之处，只不过是将棋阵、争先等棋理恰如其分地用黑白子力表达出来罢了。

同时，当棋手的个人修养达到了真善美高度统一的忘我境界时，他的行棋落子并没有什么特别的地方，只不过是将棋理融入自己纯真朴实的自然精神本性平白表露而已。

不过，执黑棋者一般开局需要主动积极一些，执白棋者需要被动消极些。这种攻防心态也是五子棋的一种约定俗成的规矩。

在这个规矩下，五子棋激励了一代又一代的棋手，在执黑棋或者执白棋选择行棋，提醒棋手们注重将棋性与个性紧密地结合起来。棋手视棋子与天性的统一为生命，孜孜不倦追求棋艺提高的同时，也能自觉地认识自我，完善自我，以达到实现人棋合一的完美境界。

知识点滴

提到五子棋比赛，就不得不提到"禁手"的规则。

因为五子棋的广泛传播，人们发现，五子棋的一个特点是先行黑棋有很大优势。后来人们已经悟出了在原始规则下的五子棋，先下的黑棋有必胜的方法。

于是，五子棋经过数十年的修改、验证、再修改，最终发展出加入"禁手"的五子棋。禁手是指禁止先下的黑棋若下出"双活三""双四""长连"便会被判定输棋。"禁手"此举限制黑棋的取胜方式，白棋则增加逼迫黑子下出禁手来取胜的手段，使黑棋先下的优势稍稍减少，也增加了连珠的技术性、复杂性及趣味性，这才真正合乎公平竞技的规则。

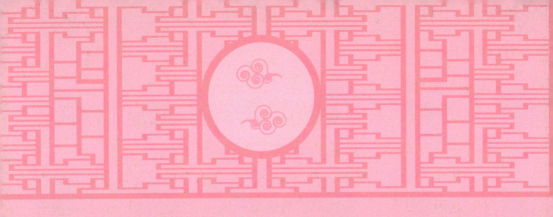

博戏类游戏鼻祖六博棋

在西汉建元年间，当时汉武帝刘恒的儿子刘启还在做皇太子。那时候正值吴国太子进京朝见汉文帝，期间吴太子曾经陪伴刘启一边饮酒一边下"六博"棋打发时间。

喜好"六博"的皇子刘启与吴太子在棋盘上杀得天昏地暗。因为吴太子之前所拜的师傅都是荆楚地区的人，楚地的人多数生情狂傲，争强好胜。

吴太子也感染了些楚人狂傲争胜的特点。在下棋过程中吴太子与刘启为了争棋路，态度恶劣，竟然出言不逊，简直不把当朝皇太子刘启放在眼里。

皇子刘启在盛怒之下抓起六博棋的棋盘猛砸向吴太子，这一下竟然将吴太子的头砸伤了，吴太子自知理亏，对方又是当今皇太子，未来的皇帝，只得捂着头上的伤灰溜溜地逃回了吴国。

玩六博棋一不小心竟然玩出了争斗，还引发了后来我国历史上有名的西汉削藩运动，这着实令人大开眼界。

其实，埋下这场西汉削藩运动"导火索"的正是汉景帝刘启本人，起因就是为了一盘六博棋的输赢。从一定程度上讲，这是我国历史上第一次由一盘棋引发的一场著名事件。

故事中的六博棋又称作"陆博"，它是我国古代一种掷采行棋的博戏类游戏，因为使用6根"博箸"，所以被人们称为六博。

六博棋包括棋局、棋子、箸和博筹等棋具，行棋方法主要包括"大博"和"小博"两种。"大博"是与象棋一样要吃掉棋盘上特定的棋子才能获胜，所以也属于很早期的兵种棋戏。因此，人们推论象棋类游戏有可能是从大博演变而来的。

西汉以及先秦时期的博法都是"大博"，双方以杀"枭"为胜，也就是对博的双方各在自己方的棋盘曲道上排列好6枚棋子，其中1枚被称为"枭"，5枚被称作"散"，还要用"箸"，双方轮流掷"箸"，并根据所掷"箸"的数量行棋，最终以杀掉对方"枭"来决定胜负。

战国时期的一套完整的六博棋具包括棋盘、棋、箸，汉代时有些博具中开始使用"茕"代替"博箸"。

六博的棋子多以象牙、玉石或金属制成，12枚棋子分为黑色红色或者黑色白色两组。棋子分为长方体和立方体两种形状，因此双方都有1个大棋子和5个小棋子。

棋子布置在博局中，博局也被人们称为"椐"，多为木质方形，盘面涂上黑漆，也有涂白漆的。棋盘上有一个方形大框，框内中部也是一个小方框，周边有一些棋路，人们称其为"曲道"，总共12个"曲道"，四角处还有4个圆点。

博局形式是模仿自"栻盘"的，"栻盘"关于生门、死门、相生、相克的说法，对博局也产生了深远的影响，比如，博局上的12个曲道中就有不利于行棋的"恶道"。

东汉以后六博的形制出现了新的变化，这时才出现了使用茕的"小博"。"小博"同样也是以多吃"博筹"为胜。

而六博棋中茕的作用也是用来行棋的，有的六博则没有茕，但有箸，使用方法就是"投箸行棋"。

从情形看，后来的六博棋虽然不用箸和茕，但行棋也不是自由的，要靠"划拳"来决定。这就可以看出，六博棋的发展，有的用箸，有的用茕，有的用"划拳"，都是为了解决行棋的先后，但解决方法确是越来越简单了。

六博棋的6根箸、十几个面的茕和用手势来决定行棋是有关联的，他们可能有先后关系，也可能同时存在，这就看古代棋手的自身喜好了。

六根箸决定6个棋该走哪一个，两个人轮流掷箸，后来为了增加娱乐性，变成了茕，增加了天意的成分，可以再有一次机会。再后来，嫌麻烦的棋手就直接"划拳"决定了。

至于六博棋行哪一个棋，要由天定，但哪个棋怎么走，有多种选择，这就要看棋者的智慧了，后来的象棋演变到把"天意"的部分都去掉，全靠智慧了。

二人轮流掷茕行棋，棋行到固定的地方就把棋子竖起来，命名为"骁棋"。这种博法是两人对局，博局有12个"曲道"，两头中间是"水"。

棋盘上总共有12枚棋子，双方各执白色黑色的6枚棋子，玩家分别把棋子布于局中12个曲道上。双方还各有一枚称作"鱼"的圆形棋子，把"鱼"放在"水"中。

双方互相掷茕行棋，行棋的步数也是根据掷的数字决定的。同样棋子行进到规定的位置就可以竖起来，这枚"骁棋"便可入"水"中，"骁棋"吃掉对方的"鱼"，这个动作被命名为"牵鱼"。

玩家每"牵鱼"一次，就可以获得"博筹"两根，连牵两次鱼，就可获得"博筹"3根。若谁能连牵5次鱼，那这个人就会先获得6根"博筹"，他就算是获胜了。

谁能想到，这种玩法复杂的六博棋竟是各种棋类游戏的鼻祖，象棋是由六博棋演变而来。

据史学界研究的结果表明，六博的出现，最晚不会晚于商代。西汉著名史学家文学家司马迁在其所著的《史记·殷本纪》中就有六博棋的一段记载：

帝武乙无道，为偶人，谓之天神。与之博，令人为行。天神不胜，乃僇辱之。

这段文献是说，商代的一个皇帝武乙做了个假人，他称这个假人为天神。武乙下令让侍卫操控这个假人跟自己玩六博棋。结果假人天神输给了武乙，武乙就羞辱天神。这说明，这款古老的六博棋至少要追溯到神话时代。

但是在先秦至西汉曾经全民流行至少1000多年的六博游戏，在东汉之后就渐渐式微了，以至于隋唐以后六博棋的玩法就只存在于古籍中，留下了无尽的猜测和想象。

关于六博棋的玩法，古籍上还有另外一种方法。

据说六博棋棋盘上共有9种棋位，有的棋位在线上，有的棋位在点上，还有的棋位在框内。

初始布置六博棋时，玩家们将棋子平躺布于局中的一侧棋位上，这些棋子称为"散"。棋盘中央放上"鱼"或直接吃掉对方的"鱼"。筹码也要放在棋盘上。

游戏开始后，玩家互相根据掷出的数字决定行棋步数。胜利者以多得筹码为胜，所以玩六博棋去阻止敌方得到鱼或者抢夺对方的鱼，都是获胜的重要手段。

知识点滴

双陆形制与发展进程

据说，八仙之一的吕洞宾非常喜欢到凡间去玩一些凡间的游戏，在凡间诸多游戏中，他最喜欢的便是一种叫做双陆的棋类游戏。

一天，吕洞宾正在凡间客栈里与凡人下双陆棋，玩了几局都没有人能赢过他。一个白发老人不知从哪里冒出来，要与吕洞宾下棋。二人开始下双陆棋，下了半晌儿，眼看一局快下完了，吕洞宾却敌不过那个老人。这时，吕洞宾灵机一动，故意跟旁边一个人打招呼，吸引了老人的注意，然后他使用仙法换了棋局上的棋子，一下子他的劣势便扭转了。

老人一看棋局，便哈哈大笑起来。吕洞宾很是奇怪，他疑惑地看着那个老人。老人指了指棋局，说道："小伙子，你已经输了！"

吕洞宾一看，棋局又回到了他要输的局势了。吕洞宾大惊，这才知道陪他下双陆棋的竟然也是个神仙，他赶忙使用仙法去看那个老人，这才知道陪他下棋的是张果老。

吕洞宾笑着说："张老，你不是对下双陆棋没什么兴趣吗？怎么今天陪我下起棋来了！"

张果老说："我可不是来专门找你下棋的，只是天上的神仙都太无聊，玉帝便命令我们八仙为众仙们创造一个可以消遣的游戏，以供众仙们打发时间。"

吕洞宾说："哈哈，这个事太容易了！我平日在凡间玩，各种凡间的游戏都接触过，只是觉得这种双陆棋最有趣，棋的进退幅度很大，胜负转换快，是一种会上瘾又激烈无比的游戏！我们何不把这种游戏带回仙界，让众仙们玩玩呢？"

张果老说："对呀！我们快拿着这双陆棋，向玉帝交差吧！"

其实，这只是我国古代民间的一个传说。双陆棋是我国古代的一种博戏用具，也是一种棋盘游戏。双陆的棋子移动以掷骰子的点数决定，第一个把所有棋子都移离棋盘的玩者才可以获得胜利。

双陆棋的玩法非常简单，在游戏中，每位玩家都要尽力把棋子移动及移离棋盘。虽然游戏有很大的运气成分，但游戏的策略性也是十分重要的。因为每次掷骰子，玩者都要从多种选择中选出一种最佳的走法，这样才能保持常胜的战绩。

这种双陆棋曾经在我国汉代风靡一时，这种棋戏在汉代又叫作"握槊""长行""波罗塞戏"等。关于双陆棋在我国的出现，有多种说法。一般人们都认为汉代是双陆棋在我国出现的始发点，这表明了双陆这一棋戏已经有2000多年的历史了。

后来，三国时这种棋类游戏已在我国流行开来，并且有了很多不同的玩法，比如北双陆、大食双陆、广州双陆、南皮双陆等，各种玩法的规则不尽相同，称谓和术语也互有歧异。

三国时期的双陆局是长方形的，它与六博、围棋棋盘呈方形不同，因为双陆棋盘两侧左右各有六条横杠，所以被命名为双陆。双陆棋子也叫马，分为白黑两种颜色，各15枚，作捣衣杵状。另有骰子2枚，人们在玩时都要先掷采行马，白马自右归左，黑马自左归右，最后马先出尽，也就是棋子都离开棋盘了才能算是获得胜利。

我国的双陆棋流行于魏晋时期，盛于南北朝、隋唐以及宋元时期。后来在日本，现存有一部叫作《双陆锦囊钞》的书，书中简要地述说了双陆棋的玩法。

日本的双陆棋是在我国唐朝时传入的，因此，其格式和行棋方法完全是照搬唐式的双陆。根据书中所述，一套双陆棋主要包括棋盘，黑白棋子各15枚，骰子2枚。

其中棋盘上面刻有对等的12竖线；骰子呈六面体，分别刻有从一到六的数值。人们在玩时，首先要掷出二骰，骰子顶面所显示的值是几，便行进几步。

人们通常先将己方全部的15枚棋子走进最后的6条刻线以内，这样便可以获得全胜了。由于这种棋戏进退幅度大，胜负转换易，因而带有极强的趣味性和偶然性。

后来到了南宋时期，双陆棋在我国各地更为普及了。当时，全国的酒楼茶馆里，往往都设有双陆棋盘，以供人们边品茶边玩。

南宋的双陆棋形制与打法和唐代差别不大。辽宁一个辽墓中出土了一副双陆棋具。它的棋盘长52.8厘米，宽25.4厘米，左右两个长边各以骨片嵌制了12个圆形的"路"标和一个新月形的"门"标。

棋子为尖顶平底中有束腰，高4.6厘米，底径2.5厘米，共30枚，一半为白子，一半涂了黑漆为黑子。两枚骰子出土时已经腐朽。这副双陆棋具与宋辽时期的双陆棋形制完全一致，这也反映出了当时北方的契丹人中也盛行双陆这种游戏。

再后来，双陆棋到了元代才开始属于一种"才子型"的游戏，为文人及风流子弟所喜爱，像元代著名诗人柳贯、曲家周德清、戏剧家关汉卿等均有咏颂双陆棋的佳作传世。

到了明代，双陆棋依然十分流行，从明代小说家兰陵笑笑生所著的《金瓶梅》中可见，双陆棋在当时是时髦人士必须会玩的游戏，书中很多地方都提到了双陆棋，几乎老少男女，甚至是闺阁千金都玩得一手好双陆棋，这一时期的双陆棋可以说是非常有人气的。

后来明代著名画家、文学家唐伯虎在写《谱双》时，作了一篇序言，其原文是：

今樗蒲、弹棋俱格废不传；打马、七国棋、汉官仪、五木等戏，其法俱在，时以不尚；独象棋、双陆盛行。

这说明，明代有些游戏已经废而不传了，唯独只有象棋和双陆棋还是非常盛行的。但是，双陆棋在清初已经呈现了衰势。清代著名小说家曹雪芹所著的《红楼梦》中写了大量游戏，却已经不见双陆棋的踪影，可见此时双陆棋已经很少见了，最后双陆棋在清代逐渐失去了踪迹。

知识点滴

关于双陆棋的由来，还有另外一种说法。

在唐代学者张读所著的《宣室志》里还记述了这样一个故事。据说汉代有个秀才，他在洛阳城内的一处空宅中借宿。这个秀才在睡梦中看见堂中走出道士、和尚各15个人，他们排作6行；另外有两个老虎出现，还有21个光点，其中4个光点闪动着红光。道士与和尚在猛虎的追赶下或奔或走，分布四方，聚散无常。每当有人单行时，就会被猛虎击倒而离开。

第二天，秀才在堂上寻找，结果从壁角中发现双陆子30枚、骰子一对，这才明白了原委。就这样，便诞生了双陆棋这种游戏。